이슬람 시리즈 1

코란, 신의 계시인가?

피터 럭크만 지음

김진석 옮김

말씀보존학회

The Source of International Terrorism

By

Dr. Peter S. Ruckman

Bible Believers Press

Pensacola, Florida

2008 / Korean by Word of God Preservation Society

Seoul, Korea

이 책을 내면서

지난 2007년 9월 11일, 네델란드 헤이그에서는 유럽 각국의 엑스 무슬림회(Ex-Muslim, 즉 이슬람을 버린 사람들) 대표들의 모임이 열렸다. 덴마크, 스웨덴, 핀란드, 노르웨이, 독일, 영국에서 대표로 모인 그들은 "종교를 포기할 수 있는 자유"를 달라고 외쳤다.

모슬렘들은 이슬람이라는 종교를 내세워 다른 나라를 침략하여 정복하고, 그들 민족에게 모슬렘으로 개종하라고 강요한다. 어떻게 개종하느냐고 물으면 알라와 모하메드를 섬기고 코란을 외우며 코란에 기록된 대로 생활해야 하며, 하루에 다섯 번씩 메카를 향하여 절해야 한다고 말한다. 그래서 그들은 코란과 칼(무기)을 가지고 나라를 침략하여 정복한다. 남자는 아내를 네 명이나 둘 수 있으며, 전쟁에서 포로로 잡은 여자들은 첩으로 데리고 놀 수 있으나, 여자는 남자의 종속물로 취급되며, 남편에게 순종하지 않으면 구타가 허용된다(수라 4:341). 마호메트는 자기가 지옥불을 보았는데, 그곳에 거하는 대부분의 사람들은 여자들이었다고 말했다(부카리 제2권, 161).

모슬렘에는 구원도 없지만, 한 번 모슬렘이 되면 종교를 바꿀 수 없다. 모슬렘이 되거나 모슬렘으로 태어나면 모슬렘으로 살다가 모슬렘으로 죽어야 한다. 그들은 코란에 대해 한 마디도 불평할 수 없고 평가할 수도 없다. 그들은 유대교나 그리스도인들을 이교도로 간주하여 죽여도 좋다고 한다. 그래서 9 · 11테러가 일어났으며, 지금도 자폭과 전쟁이 끊이질 않는다. 그들은 실로 인류의 평안을 해치는 불한당들이다. 그들이 있는 곳에는 살인, 방화, 고문이 있고 전쟁이 있다. 현재 약 9억 명의 사람들이 세계 도처에서 그런 삶을 살고 있다. 아프가니스탄, 알바니아, 알제리, 방글라데쉬, 카메룬, 챠드, 이집트, 인도네시아, 요르단, 쿠웨이트, 레바논, 리비아, 말레이시아, 모잠비크, 나이지리아, 파키스탄, 소말리아, 터키, 우간다, 예멘, 사우디 아라비아, 모로코, 이라크, 이란, 카타르, 바레인, 아랍 에미리트, 카자흐스탄, 우즈베키스탄, 키리키스탄, 아제르바이잔 등이다.

종교란 인간에게 자유와 평화를 내걸고, 궁극적으로는 사후에 혼의 구원을 약속하기에 그것을 붙들고 믿는 것인데, 그들에게는 그런 보장이 전혀 없다. 그들은 성전(Jihad)에서 싸우다 죽으면 즉시 낙원으로 가서 70명의 처녀들과 놀아난다고 거짓말로 가르치는데, 그것을 믿고 젊은이들은 자폭한다. 알라의 명령을 거부하면 참수당하기 때문이다.

모슬렘이 있는 곳에는 어디나 피가 있고 테러와 전쟁이 있다. 이 조그만 책자는 여러분으로 모슬렘이 어떤 집단인지 이해하게 해줄 것이다. 그리스도인이 된 여러분이 그들과 비교할 때 얼마나 행복한 존재인지를 알았으면 한다.

2008년 1월

말씀보존학회 대표

이송오 목사

이 책에 인용된 성경 구절은 〈한글킹제임스성경〉입니다.

목 차

제1장

이슬람 이해하기

이슬람의 모든 것은 코란과 하디스를 근거로 세워졌다. 그들의 법률, 관습, 종교적 교의, 정치 활동, 세계관 등, 이 모든 것이 바로 이 두 책에서 나온 것이다.

모슬렘들이 권위를 두는 세 번째 책이 이샤크가 쓴 모하메드(마호메트, A.D. 570~632년)의 전기이다(Biography of Ishaq, 775). 그는 모하메드의 추종자였고 수십 개의 아라비아어 저작에서 모하메드에 대한 부정적이고 역사적인 부분들은 죄다 삭제했다.

이슬람만의 기도문을 파티하(Fatiha)라 한다. 이슬람이 규정하는 세금은 자카트(Zakat)이다. 파티하는 코란의 첫 번째 수라

(Surah) 곧 개경장 1:1-6에 기록되어 있으며[1], 그들의 신을 특정 한 이름이 아니라 단지 "알라"(Allah)라고만 기록할 뿐이다. 이슬람의 다섯 개의 일일기도는 슈(Subh), 쥬르(Zuhr), 아스르(Assr), 마그립(Maghrib), 이샤(Isha)이다. 일반적인 상황에서 모슬렘이 매일 다섯 번의 기도시간을 지키지 않으면 사형을 당하게 된다. 샤리아(Sharia)라 불리는 법전에 이 조항이 기록되어 있다. 모슬렘이 어떤 지역을 정복하든지 그들은 이 법을 헌법의 일부로 명시하고 강제로 준수하게 한다. (*Islamic Verdicts*, Vol 2, 파타와 이슬람미야, Darussalam Pub. Lahore, London, Houston, 2001, pp.381-384)

샤리아는 순나(Sunnah)에 근거를 둔 것이다. 순나는 모하메드의 언행록이다. 키야스(Qiyas, 유추에 의한 해석)는 샤리아와 순나에 대한 이해를 근거로 새로운 법률을 만들어내고, 합의(Ijma)로 그것을 법률로 제정한다. 이슬람의 모든 주요 법령들은 10세기에 최종적으로 확정되었다. 그 법령들에 따르면 모든 인류가 믿어야 할 종교는 하나이며, 그것이 이슬람교이다.

모슬렘과 평화 협정을 맺지 않는 나라는 사실상 이슬람과 전쟁을 해야 한다. 평화 협정에 도달할 수 있는 조건은 모하메드 숭배

---

1) 이슬람의 경전 코란은 114개의 장과 6239 구절로 구성되어 있다. 코란의 각 장을 수라(Surah)라고 부른다.

에 복종하거나 세금을 내는 것이며, 노예와 첩이 되어 모슬렘들을 섬기든지 아니면 고문당하다가 처형당하는 것이다. (〈모하메드의 산상설교, *Mohammed's "Sermon on the Mount"*〉, p. 30.)

모슬렘이 아닌 자를 죽이거나 테러를 자행하다가 "순교"하는 모슬렘은 누구나 상을 받게 된다. 모슬렘에게 순교는 곧 낙원에서 영생을 누리는 것이다. (〈이슬람에 대해 당신이 알아야 할 것, *What You Should Know About Islam*〉, Braswell, 2000, Broadman Press, pp.32-39).

이슬람의 성전(聖戰) 곧 "지하드"(Jihad)는 네 가지 형태가 있다. 역사상 가장 일반적으로 수행된 지하드는 모하메드를 숭배하지 않는 나라들에 대한 침략 행위이다. 아라비아, 파키스탄, 이란, 이라크(페르시아), 라이베리아, 수단, 시리아, 터키, 팔레스타인, 이디오피아, 이집트, 모로코, 시실리, 이탈리아, 크레테, 키프로스, 스페인, 프랑스, 나이제리아, 앙골라 등이다. (〈베일 뒤에는, *Behind the Veil*〉, Abd El Schafi, Pioneer Book Co., 1996, 202, pp.31-75).

이슬람의 포교는 설교나 "대화"나 가르침이나 기도나 교제나 증거를 통한 것이 아니다. 십자군 운동 이전에(A.D. 1100) 이슬람은 대대적으로 군대를 동원하여 참혹한 전쟁을 일으켜 확장을 도모했다.

이러한 명백한 역사의 증거를 은닉하기 위해 그들은 원래의 "지하드"에 다른 세 가지의 "지하드"를 추가했다. 즉 모슬렘이 더 나은 삶을 살기 위해 자기 자신과 싸우는 "지하드"가 있으며, 이것을 "마음의 지하드"라고 부른다. 또한 사회 병폐와 싸우는 "지하드"가 있는데 이는 군사적인 지하드와 정치 활동을 위한 자금 조달도 포함하며, 이를 "손의 지하드"라고 부른다. 마지막으로 "혀의 전쟁"이 있는데, 이는 모하메드를 믿는 믿음을 말로 수호하는 것이라고 한다.

코란은 지하드(Jihad)에 대해서 백 번 이상 언급하고 있다.[2)] 이 구절들 중 90퍼센트 이상이 모슬렘이 아닌 자들을 살해하는 내용이다.

「알라의 길을 위하여 싸우라. 알라께서는 모든 것을 들으시고 아신다는 것을 알라」(수라 2:244).[3)]

「믿지 않는 자들과 서로 접전할 때, 그들의 목을 쳐라. 너희들이 많은 사람을 살해해 버렸으면 다음에는 묶어라. 싸움이 무거운 짐을 내려놓기까지 자유롭게 해주거나 속죄를 시키거나 하면 된다. 만일 알라께서 바라신다면 그대 혼자서도

---

2) 코란이 지하드를 가르치는 구절들은 약 160개 이상이다. 알라를 섬기고 코란으로 세뇌된 자가 테러리스트가 되는 것은 당연한 귀결이다. 수라 별로 일부만을 열거하고자 하면 다음과 같다: 수라 2:178-179, 190-191, 193-194, 216-218, 244; 3:121-126, 140-143, 146, 152-158, 165-167, 169, 172-173, 195; 4:71-72, 74-77, 84, 89-91, 94-95, 100-104; 5:33,35,82.

3) 이 책에 인용된 코란 구절들은 〈코란〉(김용선 역, 명문당, 2002)에서 인용하였음.

그들에게 복수하실 수 있으시다」(수라 47:4).

「다신교도를 발견하는 즉시 죽여라. 잡아라. 억류하라. 모든 길에 복병을 두고 기다려라」(수라 9:5).

「알라와 종말의 날을 믿으려 하지 않고 알라와 사도가 금한 것을 금하지 않고 참된 종교를 믿지 않는 자에 대해서는 스스로 자기를 낮추며 자발적으로 인두세를 바칠 때까지 싸우라」(수라 9:29).

모하메드 숭배를 가르치는 자들을 이맘(Imam)과 울라마(Ulama)라 부른다. 그리고 모든 울라마의 모델은 모하메드이다. 모하메드를 본으로 따른 대표적인 울라마가 바로 이란의 아야톨라 코메이니(Ayatolah Khomeini)이다. 그는 마귀들린 자이며, 유혈 테러리스트이며, 로마 카톨릭 예수회 사제와는 비교도 안되는 종교적인 광신자이다.

이슬람이 다섯 개 내지 여섯 개의 그룹으로 나눠지면서 여러 종류의 모슬렘들이 생겨났다. 수니파(Sunni) 정통, 시아파(Shiite) 개혁자들, 수피파(Sufi) 신비주의자들, 와하비운동(Wahhabism) 근본주의자들이며, 또 와하비운동 근본주의자들은 두 가지 신학계통 즉 무타질라이트(Mutazilite)와 아샤라이트(Asharite)로 나뉜다. 여기에 더하여 몇 개의 시아파 "분파들"이 있다.

그러나 이슬람의 모든 분파는 하늘과 땅이 알라와 모하메드를 위해 만들어졌다고 믿으며(*The Holy Hadith*, Vol. IV, no. 392), 전 세계가 이슬람교로 개종하여 모두 모하메드를 숭배하게 될 것이라 믿는다는 점에 있어서는 동일하다. (*The Holy Qur'an*, Maulana Muhammad Ali, 1995 : 6:166 주 872, 21:107 주 1667, 6:74, 67:1 주 2526, 21:105 주 1666과 1684, 48:28 주 2356).

"이슬람"이라는 용어는 아라비아어 군사용어이며, 모하메드가 군사 독재자이기 때문에 이런 이름을 붙인 것이다. 즉 이슬람교는 그 이름부터가 전혀 "평화"와 하나님께 대한 "순종"과는 관계없다는 뜻이다. 원래 이 용어는 죽을 각오를 하고 전투에서 하달 받은 명령에 복종하며 싸우는 용맹한 아랍인을 일컫는 말이다. (〈이 알라는 누구인가?, *Who is This Allah?*〉, G. J. O. Moshay, p.27)

다섯 번의 매일의 기도를 살라트(Salat)라 부르며, 그들이 행하는 순례는 하지(Haj)라 부르고, 금식을 사움(Sawm)이라 부르며, 그들의 신조는 샤하다(Shahada)이다. 또 하나님을 아라비아어로 "알라"(Allah)라 부른다. 그러나 이슬람의 "알라"는 이름이 없다. 단순히 한 분 하나님에 대한 믿음은 야고보서 2:19에 기록되어 있듯이 마귀들도 믿는 것이다.

모슬렘의 경전인 코란은 날개가 600개나 되는 천사가 모하메드에게 한 말을 받아 적은 것이라고 한다. 그는 그때 카디자와 와라카라는 이름을 가진 두 명의 그리스도인 여인들과 음행을 하고 있었다. 그는 또한 라이하나라는 이름을 가진 유대인 여성과도 음행했고, 그것도 모자라서 아홉 번째 아내를 맞아들였는데, 이 여인은 모하메드가 카이바 유대인들(Khaibar Jews)을 공격할 때 그 남편을 죽이고 납치한 유대인이었다. 모하메드는 총 14명의 아내를 취했고, 노예들로 하렘을 만들어 지칠 줄 모르고 음행을 저지르며 살았다.

신약에서 두 번, 구약에서도 두 번 금지하고 있음에도, 모하메드는 두 명의 친 자매들, 곧 마리암과 그녀의 여동생 시린을 노예로 사로잡아서 동시에 그들과 간음했다. 모하메드는 레위기 18:18을 위반한 것이다. 또한 모하메드는 자신의 죄들을 정죄하는 신구약 성경을 제 맘대로 섞어 버렸다. 모슬렘들은 모하메드는 문맹자였고, 따라서 코란은 알라의 기적이라 주장한다. 그들의 주장대로 모하메드가 문맹자였다면, 코란에서 구약을 베낀 부분은 모하메드가 아내로 삼은 유대인 여인에게서 들었을 것이며, 신약을 표절한 부분은 그리스도인 여인들에게서 정보를 취했을 것이다.

날개가 600개나 달린 천사가 그에게 말해 줬는지, 모하메드는 마태복음, 마가복음, 누가복음, 요한복음이 예수님(Iesous)에 대해 기록하지 않고 에서(Isa)에 대해 기록했다고 주장한다. 또한 마리아에게는 "아론"이라는 동생이 있었다고 가르친다. 가장 황당한 것은 예수님께서 야자수 아래서 태어났다고 주장하는 것이다.

제 2 장

"거룩한" 코란

A.D. 700년부터 현재까지 모든 울라마(Ulama)와 이맘(Imam)은 거룩한(?) 코란의 가르침에 따라 다음과 같이 가르친다.

1. "예수 그리스도는 '모세와 같은 선지자'가 아니다(수라 28:44, 주 1882). 모하메드야말로 '모세와 같은 선지자'이다."

모세를 비롯한 구약의 모든 선지자들이 예언한 분은 주 예수 그리스도시다. 또한 이 예언은 모하메드가 태어나기 약 2,000년 전에 이스라엘 백성에게 주어졌으며 "모세와 같은 선지자"는 이스라엘 백성을 대상으로 사역하는 선지자이다(신 18:15-19). 신약성경은 예수 그리스도가 바로 그 선지자이심을 분명하게 밝히고 있다.

킹제임스성경신학교는 피터 럭크만 박사가 미국 플로리다주 펜사콜라시에 설립한 Pensacola Bible Institute (PBI)에 기반을 두고 있습니다. 미국 Pensacola Bible Institute는 1965년 9월 개강한 이래로 지금까지 미국 내 정통 신학 교육의 요람으로서, 미국 내 유수한 근본주의 침례교 신학교들을 압도하고 성경대로 믿는 그리스도인들의 산실이 되고 있습니다. 자유주의와 현대주의를 배격하는 가운데 정통 교리의 수준 높은 신학 교육은 물론이요, 능력 있는 설교자 양성을 위한 강도 높은 훈련으로도 단연 으뜸입니다. 이처럼 본 신학교도 1991년에 세워진 이래로 이 땅에 바른 성경적 지식을 정착하고 신실한 하나님의 일꾼을 양성하는 데 총력을 기울여 오고 있습니다.

기존 신학교는 하나님의 말씀보다는 교단 신학과 학문으로서의 신학에 중점을 두어 가르치고 있습니다. 또한 편협한 교단 교리에 하나님의 말씀을 억지로 끼워 맞춰 가르치고 있기 때문에 이제는 하나님의 말씀에 근거한 신학을 제대로 가르치는 곳이 절대적으로 필요합니다. 이런 절실한 필요에 의해 본 신학교는 모든 교과 과정을 교단 신학이 아닌 하나님의 말씀으로 채움으로써 하나님의 말씀에 대한 올바른 지식을 터득할 수 있도록 구성하고 있습니다. 이렇게 구성된 모든 교과 과정은 성경 각 책에 대한 깊이 있는 수업과 설교의 실전 연습, 제반 목회 생활에 관한 실제적인 수업들로 이루어져 있으며, 무엇보다도 균형 있고 올바른 성경적 지식으로 무장할 수 있는 많은 수업들이 제공되고 있습니다.

킹제임스성경신학교는 설교자와 목회자, 성경 교사, 선교사를 양성하기 위한 곳으로, 3년의 모든 과정을 착실히 이수한 모든 학생들이 각자 하나님의 부르심에 따라 언제 어디서나 전담 사역자로서 사역할 수 있도록 양육받을 수 있는 국내 유일의 온·오프라인 정통 신학교입니다.

입학요강

	신학사(B.D.)	킹제임스성경신학원 신학석사(Th.M.)
수업연한	3년 (6학기)	2년 (4학기)
자　　격	• 거듭난 그리스도인으로서 하나님께 쓰임받기 원하는 사람 • 고등학교 졸업자 및 졸업 예정자 또는 동등 이상의 학력이 인정되는 자(연령 제한 없음)	• 본교를 졸업한 신학사 학위 소지자로서 진리의 지식으로 효과적인 사역을 이루려는 분
선　　발	서류전형(입학원서, 구원간증, 자기 소개서), 면접(서류 전형 합격자에게 개별 통보)	
학사일정	오프라인 봄 학기 매년 3월초 가을 학기 9월초 개강(총 16주) 월,화,목,금(오후 6:30 – 9:20) 온 라 인 수시접수 가능(한 학기 총 16주 / 100% 동영상 강의)	한 학기당 16주 과정 (화요일 오후 6:30 – 9:20)
원서교부	킹제임스성경신학교 교무처 / 인터넷 접수	

킹제임스성경신학교학장
10122 경기도 김포시 고촌읍 장곡로 39
전화 (02) 2665-3303, 팩스 (02) 2665-3302

『또 하나님께서 전에 너희에게 전파된 예수 그리스도를 보내시리라. 하늘은 만물이 회복될 때까지 그분을 마땅히 받아들여야 하나니 이는 하나님께서 세상이 시작된 이래로 이 일에 관하여 그의 모든 거룩한 선지자들의 입을 통하여 말씀하신 바니라. 모세도 실로 조상들에게 말하기를 '주 너희 하나님께서 너희 형제 가운데서 나와 같은 한 선지자를 너희에게 일으키시리니 너희는 그가 너희에게 무엇을 말하든지 그에게서 모든 말을 들으라. 누구든지 그 선지자의 말을 듣지 않는 사람은 그 백성 가운데서 멸망되리라.'고 했느니라. 뿐만 아니라 사무엘로부터 그 뒤를 이어 말한 모든 선지자들도 한결같이 이 날들을 미리 말하였느니라』(행 3:20-24, 참조. 행 7:37,52).

2. "성경은 코란보다 못하다"(수라 28:49, 주 1885).

주 예수 그리스도께서는 『이는 그 열매로 그 나무를 알기 때문이라.』고 말씀하셨다(마 12:33). 성경과 코란의 열매를 비교해 볼 때, 무엇이 참된 하나님의 말씀이겠는가?

3. "마태, 마가, 누가, 요한보다 모슬렘들이 하나님께 대한 순수한 지식을 가지고 있다"(29:46, 주 1916).

마태, 마가, 누가, 요한은 성령의 인도 아래 예수 그리스도의 말씀과 사역을 서로 다른 네 각도에서 조명하여 주 예수 그리스도를 조화롭게 계시하는 데 사용된 하나님의 사람들이었다. 그중 누구도 음행하거나 자살폭탄 테러를 자행하거나 폭력과 살인으로 믿음을 강요하지 않았다. 누가 더 "하나님께 대한 순수한 지식"을 가지고 있는 것인가?

『예언은 예전에 사람의 뜻에서 나온 것이 아니요 오직 하나님의 거룩한 사람들이 성령으로 감동을 받아 말한 것이니라』(벧후 1:20-21).

4. "코란은 전 세계 사람들에게 주어졌지만, 성경은 그렇지 않다"(수라 32:23, 주 1963).

그러나 성경이 전 세계의 주요 160개 언어들로 번역되었음은 주지의 사실이다.

5. "성경은 신구약 전체에서 이스마엘과 이삭에 대해서 거짓말을 하고 있다"(수라 36:14, 주 1963).

코란이 이렇게 주장하는 것은 그들이 못마땅해 하는 구절들이 성경에 있기 때문이다.

『그러므로 그녀가 아브라함에게 말하기를 "이 여종과 그녀의 아들을 내어쫓으소서. 이는 이 여종의 아들은 내 아들 이삭과 함께 상속받지 못할 것임이니이다." 하니,』(창 21:10)

『형제들아, 이제 우리는 이삭과 같이 약속의 자녀라. 그런데 그 때에 육신을 따라 난 자가 성령을 따라 난 자를 박해하였던 것처럼 지금도 그러하도다. 그러나 성경이 무엇이라 말하느냐? "여종과 그녀의 아들을 내어쫓으라. 이는 여종의 아들이 자유로운 여자의 아들과 함께 상속을 받지 못할 것임이니라."고 하였느니라』(갈 4:28-30).

성경은 모하메드와 모슬렘들이 자신의 조상이라 여기는 이스마엘이 여종의 아들일 뿐이며, 하나님의 언약을 받은 아브라함 안에서 받을 유업이 없다고 말씀하는 것이다.

6. "코란은 세상에서 가장 오래된 책인 욥기가 거짓이며 어떤 성경에든 포함되어서도 안 된다고 가르친다"(수라 38:41, 주 2144).

욥기보다 적어도 2,200년 후에 기록된 코란이 욥기의 가치에 대해 이러쿵저러쿵해도 그 가치를 떨어뜨리지 못한다. 욥기는 전능하신 하나님의 말씀으로, 주 하나님께서 성도를 시험하시는 이유와 하나님의 광대하심과 전능하심, 사탄과 적그리스도의 정체 등 성경의 비중 있는 교리들을 가르치고 있다.

7. "모든 그리스도인, 유대인, 도교도, 불교도, 무신론자, 힌두교도 등이 모두 '알라'를 숭배하게 될 것이다. 왜냐하면 모든 종교적인 진리들은 성경이 아니라 코란에서 발견되기 때문이다"(수라 28:2, 주 2537).

8. "모하메드가 예수 그리스도께서 예언하신 성령이다"(수라 17:81, 주 1461).

그러나 주 예수 그리스도께서는 하나님의 거룩한 영을 제자들에게 보내 주시겠다고 말씀하셨지, 간음하고 살인하는 불한당을 보내시겠다고 약속하지 않으셨다.

『또 내가 아버지께 기도하겠고, 그분께서 다른 위로자를 너희에게 주시리니 그가 너희와 함께 영원히 거하시리라』(요 14:16).

『그러나 위로자이신 성령을 아버지께서 내 이름으로 보내시리니, 그가 너희에게 모든 것들을 가르치시며 또 내가 너희에게 말한 모든 것들을 기억나게 하시리라』(요 14:26).

9. "코란의 모든 말씀은 한 천사가 말한 내용이다. 단 한마디도 '알라'로부터 온 것이 아니다"(수라 19:19, 주 1537).

코란이 그것 자체가 "알라"의 직접적인 계시임을 부인한다면 왜 코란을 믿는가? 그러나 성경은 전능하신 하나님께서 하나님의 사람들에게 주신 살아있는 하나님의 말씀임을 선언하고 있다.

『모든 성경은 하나님의 영감으로 주어진 것으로 교리와 책망과 바로잡음과 의로 훈육하기에 유익하니 이는 하나님의 사람이 온전하게 되며, 모든 선한 일에 철저히 구비되게 하려 함이니라』(딤후 3:16,17).

10. "성경을 믿는 유대인과 그리스도인이야말로 가장 불의한 자들이다"(수라 10:17).

코란은 전 세계가 지금까지 접한 것 중 "가장 위대한 영적

> 힘"이다(*The Holy Qur'an*, p.vi). 코란의 목적은 "인류를 완전케" 하는데 있다. 그것도 거듭남이나 인류의 죄들을 제거하기 위한 희생제물 없이 인류를 완전케 한다고 한다. 코란은 결국 모든 아시아인, 아프리카인, 유럽인, 미국인들을 이길 것이며(p.vi), 이는 아무도 코란과 같은 책을 만들어낼 수 없기 때문이다. "어떤 책도 그것이 기록된 언어를 13세기 동안 살아 있게 만들지 못했다."(p.ix).

성경은 즉시 코란의 코를 납작하게 만든다. 성경은 약 3/4이 히브리어로 기록되었으며, 성경은 히브리어를 3,000년 이상이라는 장구한 세월 동안 보존하였다.

『그때에 내가 백성에게 순수한 언어를 돌려주리니, 그들이 모두 **주**의 이름을 부르며 한마음으로 그를 섬길 것임이라』(습 3:9).

『나는 **주**이므로 변경하지 아니하노라. 그러므로 너희 야곱의 아들들은 소멸되지 아니하느니라』(말 3:6).

> "모든 다른 경전도 신으로부터 왔으며, 이는 한 가족의 다른 구성원들과 같다."

미안하지만 성경은 약 100개의 단락에서 코란과 반대되며, 이는 약 4,000구절에 달한다.

"코란은 모든 모호함을 설명하고(p.xi), 신의 뜻에 대한 완전한 계시이다."(p.xi). 코란은 처녀들이 기다리고 있다고 하는 낙원도 영원한 고통의 장소라고 하는 지옥도 문자적 장소가 아니며, 시적이며 비유적인 표현이라고 한다(pp.xv-xxi). 낙원과 지옥 둘 다 "진화하는 단계들"에 불과하다.

코란은 과대망상적인 광신의 원인이며, 암살, 살인, 전쟁, 일부다처제, 온갖 거짓말들, 노예제도를 초래했다. 또한 누군가가 모하메드나 그의 생애와 행실, 그가 취한 아내들이나 그가 한 말이나 그의 종교에 대해서 진실을 말하면 모슬렘들이 이성을 잃고 광분하게 만든 것 또한 코란이다. 이 모든 비정상적인 현상의 원인이 한 권의 책에 있는 것이다.

이슬람교의 경전이 말하는 바는 다음과 같다.

1. "하나님께는 독생자는커녕 어떤 아들도 없다"(수라 112:3).

2. "지구상의 사는 사람은 누구나 어떤 상황 아래서도 예수 그리스도를 경배해서는 안 된다"(수라 114:1, 주 2822).

3. "천사들은 여성이다"(수라 53:27, 주 2382).

4. "모하메드는 죄가 없었다"(수라 53:2, 주 2372).

그러나 다음에 이어지는 8번 항목에서 이 주장이 모순인 것을 알 수 있다.

5. "예수 그리스도는 그 어떤 것도 창조하지 않았다. 예수님이 창조한 것이 아무것도 없다는 이유는 그 자신이 아담처럼 흙에서 지어졌기 때문이다."

사도 바울과 사도 요한은 예수 그리스도께서 만물을 친히 창조하셨고 만물이 지금도 주 예수 그리스도로 말미암아 존속하고 있음을 말씀하고 있다.

『그는 보이지 않는 하나님의 형상이시며 모든 피조물의 첫태생이시니 이는 만물이 그에 의하여 창조되되 하늘에 있는 것들과 땅에 있는 것들과 보이는 것들과 보이지 않는 것들과 보좌들이나 주권들이나 정사들이나 권세들이나 만물이 그에 의하여 또 그를 위하여 창조되었기 때문이라. 그는 만물 이전에 계시고 또 만물은 그로 말미암아 존속하느니라』(골 1:15-17).

『만물은 그에 의하여 지은 바 되었으며, 이미 지음받은 것 가운데 그가 없이 지어진 것은 아무것도 없더라』(요 1:3).

『그가 세상에 계셨고 세상이 그에 의하여 지은 바 되었으나 세상은 그를 알지 못하더라』(요 1:10).

『나는 알파와 오메가요, 시작과 끝이라. 주, 곧 지금도 계시고 전에도 계셨고 앞으로 오실 전능하신 분이 말하노라』(계 1:8).

『라오디케아인들의 교회의 천사에게 편지하라. 아멘이시요 신실하고 진실한 증인이시며, 하나님의 창조를 시작하신 분이 이 일들을 말씀하시느니라』(계 3:14).

6. "베드로와 야고보와 바울과 요한은 '지옥불'에서 불타고 있다"(수라 21:98).

7. "예수 그리스도는 십자가에서 죽지 않았고, 어떤 누구를 위해서도 죽은 적이 없다"(수라 3:54, 주 43b). "또한 예수님은 자연사했다"(수라 5:75, 주 724, 23:50, 주 1723).

독실한 모슬렘이라면 그가 오대양 육대주 어디에 있든지 위의 날조된 거짓말들을 믿어야만 한다. 만약 부인하면 죽음을 각오해야 한다.

8. "모하메드는 죄가 없다고 말하지만, 모하메드 자신은 그가 무죄하지 않다고 분명하게 밝혔다."

> 「그러나 나는 결코 자기를 무죄로 할 생각은 없다」(수라 12:53).

9. "하나님은 우주를 6일 만에 창조하셨고, 어쩌면 7일일 수도 있고, 또한 이틀도 될 수 있으며, 이도저도 아니면 6,000년 만에 지으셨을 수

도 있다"(수라 41:9, 79:30, 주 2659, 주 2199 등).

10. "예수 그리스도는 자신보다 모하메드가 더 위대한 선지자라고 고백했다"(수라 61:6, 주 2496). "왜냐하면 모하메드는 그가 죽기 전에 완벽에 도달했기 때문이다"(수라 40:55, 주 2174, 2575, 2539).

> 「마리아의 아들 예수가 '오, 이스라엘의 아들들이여, 진실로 나는 너희 있는 곳에 파견된 알라의 사도인 것이다. 나보다 먼저 내려진 율법을 확증하고, 또 나보다 나중에 아흐마드란 이름의 사도가(모하메드가) 오는 걸 예고하는 자다.'라고 말하고, 그들에게 명백한 표적을 갖다 보였을 때, 그들은 말했다. '이것은 틀림없는 마법이다.'」(수라 61:6)

모하메드가 얼마나 괘씸한 사기꾼인지 알게 하는 부분이다. 모하메드와 그의 추종자들은 신구약 성경에서 침례인 요한이 선두주자로 이스라엘 백성에게 주 예수 그리스도를 알리는 사역을 맡은 부분을 도용한 것이다. 그는 그의 범죄행위를 여기서 그치지 않고, 주 예수 그리스도를 침례인 요한의 자리로 끌어내리고 모하메드 자신이 예수 그리스도의 자리를 차지한 것이다(말 3:1, 마 11:10, 막 1:2, 눅 7:27). 음행하고 살인하는 문맹자가 거룩한 하나님의 말씀을 도적질하고 일개 소인배가 감히 만주의 주시며 만왕의 왕이신 예수 그리스도를 모독한 것이다.

『광야에서 외치는 자의 음성이 있어 "너희는 주의 길을 예비하라. 사막에서 우리 하나님의 대로를 곧게 하라』(사 40:3).

『그들이 떠나간 후, 예수께서 무리에게 요한에 관하여 말씀하기 시작하시더라. ... 이것이 그에 관하여 기록된 것이니 '보라, 내가 나의 사자를 네 면전에 보내노니, 그가 네 앞서 너의 길을 예비하리라.'고 하였느니라』(마 11:7,10).

11. "모하메드는 '메시야'(Christos)이며, 그가 죽은 뒤에도 여전히 남자들과 여자들을 일으켜서 '순수함과 완벽의 최고의 상태'에 도달하게 한다"(수라 22:21, 주 1997). "모하메드가 너무나 순결한 나머지 그의 신 알라는 그와 함께 성관계를 가진 그의 모든 아내들과 노예들과 첩들까지도 정결케 해주었고, 그들은 모하메드 덕분에 그들의 죄값을 치르지 않았다"(수라 24:21, 주 1763, 33:21, 주 1197, 29:46, 주 1916).

12. "온 땅 곧 온 세상은 모하메드와 알라의 소유이다"(Holy Hadith, Vol. IV. no. 392).

모하메드가 그의 신이 온 세상을 삼키고자 하는 야욕을 품어도 소용없다. 전능하신 주 하나님께서는 누가 이 세상의 주인이 될 것인지 이미 지정해 놓으셨다(사 2:1-5).

『보라, 네가 너의 태 안에 임신하여 한 아들을 낳으리니 그의 이름을 예수라 하라. 그는 위대하게 될 것이며, 가장 높으신 분의 아들이라 불릴 것이요, 또 주 하나님께서 그에게 그의 조상 다윗의 보좌를 주실 것이며 그는 야곱의 집안을 영원히 통치할 것이요 그의 왕국은 무궁하리라."고 하니라』(눅 1:31-33).

『너희는 너희가 알지 못하는 것을 경배하고, 우리는 우리가 경배하는 것을 아노니 이는 구원이 유대인에게서 나오기 때문이라』(요 4:22).

『예수께서 그들에게 말씀하시기를, "진실로 내가 너희에게 말하노니, 나를 따르는 너희들은 인자가 자기 영광의 보좌에 앉을 새 세대에, 너희도 열두 보좌에 앉아 이스라엘 열두 지파를 심판하리라』(마 19:28).

『우리가 참으면 우리도 그와 함께 다스릴 것이요 우리가 그를 부인하면 그도 우리를 부인할 것이라』(딤후 2:12).

『이는 너희가 유업의 상을 주께로부터 받을 줄 앎이니 너희가 주 그리스도를 섬기고 있음이라』(골 3:24).

『그 후에 일곱째 천사가 나팔을 부니, 하늘에서 큰 음성들이 있어 말하기를 "이 세상의 나라들이 우리 주와 그의 그리스도의 왕국들이 되어서 그분이 영원 무궁토록 통치하시리라."고 하더라』(계 11:15).

즉 『나는 **주**이므로 변경하지 아니하노라.』(말 3:6)고 말씀하신 하나님께서는 장차 올 세상이 예수 그리스도의 나라가 될 것이며, 예수 그리스도의 사도들과 그분의 성도들의 소유가 될 것이라고 말씀하신 것이다. 모하메드와 그의 "알라"가 성경을 위조하여 코란을 만들어낸 이유가 이것이다. 성경에 약속된 장차 올 세상과 왕국을 예수 그리스도와 그분의 교회와 이스라엘로부터 찬탈하여 자신의 수중에 넣고 싶었던 것이다. 과연 코란을 기록하게 한 영이 어떤 영이겠는가?

누구라도 코란을 성경과 비교하면 코란이 성경을 표절했고 코란이 거짓임이 단박에 알 수 있기 때문에, 모슬렘들은 누군가가 자신의 종교와 경전들과 국가-교회 법체계와 종교적인 확신과 행위로 말미암는 구원의 교리 등을 조사하는 것을 견딜 수 없어 한다. 만약 혹자가 있는 그대로의 모슬렘의 모습을 폭로하면, 모슬렘은 광분하여 그를 죽이려고 달려드는 것이다.

제 3 장

"거룩한" 하디스

하디스(Hadith)[4]에 기록된 것은 "알라의 명령들로 모든 신자들에게 해당된다." "하디스에서 머리카락 한 올만큼 벗어나는 것도 중단해야" 한다. 즉 하디스를 철두철미하게 지켜야 한다는 것이다. (Mishkat al-Masabich, Book I, Introduction Quran and Hadith, p.3, Itqan fi Ulum al-Quran, Vol. I, p.182. Mishakat al-Masabih, op cit., pp.2-3).

4) 하디스는 모하메드의 언행을 기록한 책으로, 모하메드가 어떻게 행동하고 말했는가 하는 것들을 여러 사람들의 말을 통해 설명하고 있다. 하디스는 여러 사람들이 편집한 전집들로 되어 있는데, 각 전집들은 편집한 사람들의 이름에 따라 불려진다. 그 중 〈부카리 편〉과 〈무슬림 편〉이 유명하다.

이 말은 지금부터 독자들이 읽게 될 모든 것이 알라의 명령이라는 뜻이다. 왜냐하면 모하메드에게 복종하는 것은 곧 알라에게 복종하는 것이기 때문이다(*Holy Qur'an*, 4:80). 지금부터 나열할 내용은 어떤 모슬렘이든 그가 믿든지 믿지 않든지 간에 받아들여야 하는 명령이다. 믿지 않는 자가 있다면 그는 "헌신된" 모슬렘이나 참된 "신자"라 할 수 없다.

하디스에는 몇 개의 판들이 있으며, 그중에서도 부카리의 하디스가 가장 일반적으로 알려지고 널리 인정받는 판이다. 부카리는 모하메드가 "여자들만큼 지성과 종교에 있어서 덜 떨어진 집단을 본 적이 없다."고 말했다고 한다. 또한 지옥에는 남자들보다 여자들이 더 많다고 했다(*Hadith*, Vol I, 주 28, 301, Vol. II 주 161).

1. "여자들은 동식물과 유용한 물건들처럼 창조되었다." (수라 30:21, 이맘 라지의 설명).

2. "여자들은 말 못하는 동물들에 속하고, ... 짐승들의 본성을 가졌다."[코란에 대한 이맘 하디 사브제바리(Hadi Sabzevari)의 설명].

3. "여자가 자기 집 밖으로 나갈 때, 마귀가 그 여자를 맞아들인다."(〈이슬람의 여자들, *Women In Islam*〉 M. R.

Haqq, 1995, p.7).

4. 어떤 상황에서나 여자는 남편이 성관계를 갖기 원할 때 즉시 따라야 한다.

5. "여자가 그 남편을 어떻게 섬겼는가"에 따라 지옥에 갈지 낙원에 갈지가 결정된다.

6. 남편의 권리는 너무나 커서 여자에게 가슴을 잘라내라고 하거나 그의 코에서 고름이나 코를 빨아내라고 해도 복종해야 한다.

7. 남편은 원한다면 아내와 성관계를 거부할 수 있으며, 아내가 남편을 "기쁘게 하지 못하면" 채찍질하거나 때려도 무방하다.

8. 남편은 첫 번째 아내 외에 세 명의 다른 여자들과 결혼할 수 있으며, 여자 노예들은 얼마든지 거느리고 성관계를 가져도 좋다.

9. 모하메드는 자신이 성관계에 관한 한 남자 사십 명의 능력을 가졌다고 떠벌리고 다녔다.

10. 남편이 아내에게 "이혼이야!"라고 말하면 아내를 버릴 수 있다. (*Behind the Veil*, Abd El Schafi, 1996, p.111).

11. 모하메드는 남자에게 가장 결정적인 소유물은 여자들이라고 말했다.

12. 아내는 남편의 노예다(Ibn Qayyim al-Jawziyya in Zad al-Ma[Part V, p.189]).

13. 여자는 어떤 남자와도 잠시 동안 결혼할 수 있으며, 결혼이 삼 일 밤을 넘기면 음행이나 간음이 아니다(Sahi al-Bukbari [Part 7, p.37]).

14. 만약 여자가 옷을 원한다면, 단지 그 옷을 살 돈을 얻기 위해 남자와 하루에서 사흘 정도 결혼해도 된다(Ibn Jawziyya, op cit., part 5, p.111 [Sahih Muslem Hadith]).

15. 거룩한 하디스는 "일시적인 기간 동안 쾌락을 얻기 위해 하는 결혼"을 "니카-알-무타"(Nikah-al-Muta)라고 부르며 이를 용인한다(부카리, vol. 7, p.36). 모슬렘은 이러한 전통을 이슬람의 탄생부터 실행해 왔다(Nun al-Yaqin, Sheikh al- Khurary).

16. "계약 결혼"은 증인이 필요 없다. 단 15분 동안도 결혼이 성립할 수도 있다. 남자는 그의 "배우자"에게 이혼 수당을 주지 않아도 되며, 여자는 아무 것도 상속받지 못하고, 남편은 "증인 없이 이혼해도" 된다.(Dr. Musa al-Musawi, 〈시아파와 개혁, *The Shiites and the Reformation*〉, [p.109와 iii], 이 모하메드 숭배자는 테헤란 대학에서 샤리아(Sharias) 곧 이슬람의 헌법 조항들에 있어서 박사학위를 받은 자이다)

위의 목록 중 처음 열다섯 개의 항목들은 "이슬람의 믿음의 근본사항"이며 거룩한 하디스에 관해 고등교육을 받은 이맘들이 가르치는 내용이다.

하디스는 또한 다음 사항들을 가르친다.

1. 모하메드가 가브리엘로부터 계시를 받을 때마다 사람들 앞에서 간질 발작을 일으켰고, 사람들은 천사의 목소리는 전혀 듣지 못하고 그가 내는 소음만을 들었을 뿐이었다(〈이슬람 사전, *The Dictionary of Islam*〉, p.393). 그는 침을 질질 흘렸고, 땀을 흘리며 입가에 게거품을 물면서 깨질 것 같은 두통을 호소하며 땅바닥에 떼굴떼굴 굴러 다녔다. 낙타처럼 킁킁거리다 기절했으며 심장발작과 유사한 증상을 보였다.

이것이 이슬람교에서 두 번째 권위를 가진 경전이 증언하는 바이다. (*The Holy Hadith*, Vol. 1[nos. 1, 2, 3, 4], Vol. II [no. 16], Vol. III[nos. 17, 829], Vol. IV [nos. 95, 438, 458, 461], Vol. V [nos. 170, 462, 618, 659], Vol. VI [nos. 447, 468, 478, 481, 508]).

성경은『예언하는 사람들의 영들은 예언하는 사람들에게 복종하나니』라고 말씀하신다(고전 14:32). 성경은 오직 바알의 선지자들만이 모하메드처럼 인간으로서 비정상적인 방법으로 계시를 받으려 했고, 성경에서 사람들을 살해한 선지자는 자살을 기도한 사울왕밖에 없다(삼상 20:33, 22:18, 31:4-5).

『엘리야가 바알의 선지자들에게 말하기를 "너희의 수가 많으니 송아지 한 마리를 택하여 먼저 잡고, 너희 신들의 이름을 부르라. 그러나 아래에 불은 놓지 말라." 하니 그들이 받은 송아지를 가져다가 잡고 아침부터 정오까지 바알의 이름을 부르며 말하기를 "오 바알이여, 우리를 들으소서." 하나, 아무 소리도 없고 응답하는 자도 없더라. 그러므로 그들이 만들어 놓은 제단 위에서 날뛰더라. ... 그들이 크게 부르짖고, 그들의 방식대로 칼과 단창들로 몸에 상처를 내되, 피가 흐를 때까지 하더라』(왕상 18:25,26,28).

『사울이 그에게 창을 던져 그를 치려 한지라, 요나단이 그것으로 그의 아버지가 다윗을 죽이려고 결심한 줄 알더라』(삼상 20:33).

『그러자 왕이 도엑에게 말하기를 "네가 돌이켜 제사장들을 처치하라." 하니 에돔인 도엑이 돌이켜 제사장들을 처치하여 그 날에 세마포 에봇을 입은 팔십오 명을 죽이니라』(삼상 22:18).

> 2. 코란은 모든 선지자들이(수라 40:55, 주 2194) “순수하고 무죄하다”고 말한다(수라 2:25-28, 주 1524,1535, 이스마엘과 모세와 다윗을 언급하면서). 그러나 모하메드 자신은 그가 무죄하지 않다고 말한다(수라 12:53). 「그러나 나는 결코 자기를 무죄로 할 생각은 없다」(수라 12:53). 또한 코란에 있는 모든 구절은 “알라”가 아니라 한 천사로부터 받은 것이다.
>
> 3. 모하메드는 다니엘, 다윗, 모세, 바울, 야곱 등이 성경의 한 장에서 예언한 분량도 예언할 수 없었다. 그래서 그는 자신이 선지자라는 증거는 그의 등에 난 점이라고 말했다(*Holy Hadith*, Vol. I, 주 189, Vol. IV, 주 741, *Holy Qur'an*, 수라 33:40).

야곱은 창세기 49장에서 역사 속에서 성취되는 16가지 세부적인 예언들을 말했다. 다니엘 또한 다니엘서 2장에서 역사 속에서 성취되는 14가지 예언들을 자세히 기록했다. 예수 그리스도께서는 마태복음 24장에서 지금까지 성취되었고 앞으로 성취될 예언을 50가지 말씀하셨다. 다니엘은 다윗과 짜지 않았다. 모세도 야곱과 짜지 않았다. 예수 그리스도께서도 그 누구와도 모의하시지 않았다. 그러나 모하메드는 자기 혼자서 코란의 114개의 장을 발명해 냈다. 어떤 법정에서도 모하메드의 코란 같은 것은 신빙성 있는 "증거"로 채택될 수 없다.

4. "알라"는 유대인들을 돼지와 쥐로 만들었다(*The Holy Hadith*, Vol. IV 주 524, p.333). 그들은 돼지나 쥐처럼 된 것이 아니라, 실제로 돼지와 쥐로 변했다.

5. 집안에 개가 있으면 천사가 그 집으로 들어갈 수 없으며, 모하메드는 모든 개들을 죽이라고 명령했다(*The Holy Hadith*, Vol. IV 주 540). 이슬람 국가에서는 국가-교회법 즉 "샤리아"(Sharia)로 이것이 집행되어야 한다.

6. 사탄은 밤에 사람들의 코의 윗부분에 들어가 산다(*The Holy Hadith*, Vol. IV 주 516). 사탄과 싸우는 방법은 그에게 돌을 던지는 것이다(At a pilgrimage to Mina on Mt. Arafat: *Behind the Veil*, p.266).

7. 두 눈을 뜨고 하늘을 보고 기도하면, 눈알이 빠지게 될 것이다(*The Holy Hadith*, Vol. I 주 863).

제 4 장

코란 짜집기하기

코란 한 권쯤 만드는 것은 식은 죽 먹기다. 코란은 글도 읽을 줄 모르고 간질병을 앓고 음행을 일삼는 자가 혼자 거짓으로 꾸며 말한 것이다. 아무도 천사가 모하메드에게 계시를 전달하는 것을 듣거나 본 사람이 없다. 이것이 왜 코란에는 구약의 예언을 도용한 부분을 제외하고는 전혀 예언이 없는가 하는 이유이다. 코란의 저자는 길거리의 점쟁이만큼도 미래에 대해서 알 수 없었던 것이다. 그는 자신이 싸운 전투의 승패를 몇 번 맞췄을 뿐이고, 그것이 끝이다. 코란에 기록된 예언이 역사적으로 성취될 확률은 50%이다. 왜냐하면 모든 추측이 50% 확률은 있기 때문이다.

그러나 400년에서 2,000년 후에 일어날 일을 예언한 48가지 성경 예언이 실제로 성취될 확률은 10의 42승의 분의 1도 되지 않는다. 즉 성경이 예언한 일들이 수학적인 확률로 이뤄진다는 것은 불가능 그 자체이다. 그럼에도 이러한 예언들이 정확하게 성취되었다는 것은 예언을 주신 분이 전능하신 주 하나님이시며, 성경이야말로 전능하신 하나님께서 주신 말씀임을 증명하는 것이다.

예수 그리스도께서 초림으로 지상에 오셨을 때, 성경의 48개의 예언들을 모두 정확하게 역사 속에서 성취하셨으며, 이러한 성취는 증인들이 지켜보는 가운데 이루어졌다. 이 예언들이 모두 성경에 기록되어 있다. 성경이 예언한 400개 이상의 예언이 향후 50년 안에 성취될 것이며 이 예언들이 모두 성취될 확률은 10의 13,000승 분의 1이다.

『이는 예수의 증거가 예언의 영이기 때문이라』(계 19:10).

모하메드의 말을 받아 적은 사람들이 있었다. 그들은 모하메드가 가브리엘이 그에게 계시한 것들을 당연히 기억할 것으로 여겼다. 그러나 모하메드는 자신이 받은 계시를 기억하지 못했다. 그는 여러 번 자신이 가브리엘로부터 들은 말을 기억하지 못한다고 고백했다(*The Holy Hadith*, Vol. VI., 주 558,562).

모하메드의 간질병 발작은 A.D. 609년에 시작했고 그는 약 13년 동안 간질병을 앓았다. 모하메드가 발작하면서 받은 계시는 종이나 가축의 등판이나, 가죽이나 돌 위에 기록되었다. 아랍인들이 그가 마귀들렸다고 판단하고 그를 죽이려 하자, 모하메드는 150명의 심복들과 함께 목숨을 부지하고자 달아나기도 했다. 그러니까 가축의 가죽이나 돌이나 말린 가죽에 기록한 것을 잃어버릴 수도 있었던 것이다. 그러므로 모하메드가 계시받은 모든 것이 보존되려 한다면, 그 자신이 그 내용을 기억하고 있어야 하는 것이다. 그리고 이때부터 바드르의 전쟁과 메카로의 여행에 이르기까지 코란의 모든 내용을 동행자들이 모두 간직하고 있었다고 가정해야 하는 것이다.

그러나 그 당시에 기록된 코란은 하나도 남아 있지 않다. 하나도 없다. 아부 바크르(Abu Bakr)라는 칼리프(Caliph)의 명령에 따라 자이드 이본 타빗(Zaid Ibn Thabit)이라는 자가 처음으로 모하메드의 말을 기록한 필사본들을 수집했다. 그때 한권이 완성된 것이다. 그때부터 오트만(Othman)이 공식적인 교정본을 만들라고 명령하기까지 아무도 코란을 복사할 수 없었으며 코란은 입에서 입으로 구전될 뿐이었다. 오트만(Othman)이 모든 것을 한 권으로 집대성하자, 다른 필사본들과 코란들은 불태워 버리라고 명령했다. 그래서 그는 서로 내용상 차이가 나는 네 개의 필사본을 태워 버렸다.

거룩한 하디스 한 권은 이렇게 말한다. "그는 코란들을 많이 발견했고 하나만 남겨놓았다. 그는 그 책을 찢어 버렸다."

오트만은 코란을 찢어 버렸지만, 누구도 그의 목을 베거나 처단

할 수 없었다. 모하메드는 자신만이 진리를 가진 척했고, 오트만도 자신만이 진리를 가진 척한 것이다. 아부 바크르가 모은 코란은 압둘라 벤 오마르(Abdullah ben Omar)에게 넘겨졌고, 그도 그것을 받았을 때 찢어 버렸다. 남은 코란들을 다 없애 버렸기 때문에 아라비아인 후손들에게는 코란을 검증하기 위한 주요한 원자료들이 하나도 없는 셈이다. 오트만의 코란은 총 11개의 필사본 증거들이 있었으나 그가 그 필사본들을 다 없애 버렸다(〈코란과 성경, *The Qur'an and the Bible*〉, Dr. William Campbell, 2002, p.121).

그러므로 코란이 모하메드의 입에서 나온 그대로 오늘날까지 그대로 보존되어 있다고 말하는 모하메드 숭배자는 날조된 거짓말을 하는 것이다.

모하메드는 자신이 지어낸 말로 자신의 권세와 권위를 알라와 동등하게 만들었다(수라 4:80). 모하메드는 혼자 간질병 발작을 일으키면서 600개의 날개가 달린 천사의 말을 듣고 114개의 장(수라)을 썼다고 한다. 모하메드는 스스로를 창조주, 구속주, 구주, 메시야, 중보자의 반열에 놓기 위해서, 사람들 앞에서는 자신이 이러한 존재가 아니라고 했다가, 코란에서 "알라"의 말을 기술할 때마다 100번 이상 "우리"라는 단어를 사용함으로써 자신을 신격화했다(수라 2:3, 34, 35, 36, 38, 49, 50, 51, 56, 57, 83, 87, 93, 106, 125, 143, 146, 211). 이 구절들은 모두 화자인 모하메드가 그 구절이 말하는 일을 행했다는 내용이다. 이것은 단지 코란의 한 장만을 예로 들었을 뿐이다. 코란에는 114개의 장이 있다. 78장에서 모하메드는 일인칭복수대명사를 쓰면서 “우리가” 인간과 지구를 만들었다고 한다(6,8절). 또한 “우리가” 작물들과 날씨를 주관하며(12,14,15절), 코란을 썼다고 한다(29절). 모하메드는 “우리가” 지옥을 마련했고(수라 76:4) “우리는” 죽은 자들의 뼈들을 다시 맞춰야 한다고 고백했다(수라 75:3-7).

이 위선적인 자기 신격화에 대해서 뭐라고 변명하는지 아는가? 아람어로 “나”와 “우리”는 상호교환적이라는 것이다.

즉 모하메드는 명확하게 “나”라고 말하지 않고 교묘하게 “우리”라고 말함으로써 알라의 모든 속성들을 자신에게 부여한 것이다. 모하메드가 자신과 알라를 구별하고자 했다면 분명 “나”와 “우리”를 구별해서 쓰지 않았겠는가? 그래서 그들은 모하메드 그림을 “하나님”을 그린 그림으로 생각한다. 아라비아어로 이 두 대명사가 상호교환적이며 동일한 줄 알면서도 모하메드는 “우리”라고 함으로써 자신을 하나님으로 만든 것이다.

즉 전 세계적인 “종교”인 이슬람교가 이러한 아라비아어의 미묘한 뉘앙스를 토대로 그 전체 체계가 세워진 것이다.

I. 모하메드는 한 번도 가브리엘에게서 받은 계시를 받아 적은 필사본들을 수집하려 하지 않았다. 그는 자신의 추종자들이 그의

입에서 나오는 것을 받아 적을 때 그것을 확인할 수 있는 식견도 없었고 글을 읽는 법을 배우려 하지도 않았다.

II. 모하메드가 한 말을 받아 적은 필사자들 중 몇 명은 전투에서 전사했으며, 모하메드가 말한 것을 기록한 필사본들도 그들과 함께 분실되었다.

III. 필사본들을 수집하라는 명령을 받은 첫 번째 사람은 이 일이 "알라로부터" 온 것이 아니라고 말했다(자이드, 아부 바크르). 왜냐하면 모하메드는 한 번도 누구에게 그렇게 하라고 지시한 적이 없기 때문이다(〈급진적 이슬람교와의 투쟁, *The War Against Radical Islam*〉, Robert Morey, 2002, p.65).

IV. 최종적으로 수집된 것은 사람들이 말한 거짓 증언들을 담고 있을 뿐이며(*Hadith*, Vol. VI, 주 523), 서로 모순이 되는 구절들이 많았고(*Hadith*, Vol. VI 주 550), 코란의 장들이 나열된 순서가 달랐으며, 모하메드가 까먹어서 알라가 "취소한" 구절들도 있었다(*Hadith*, Vol. IV 주 57, 62, 69, 299, 393 등이다).

V. 저자인 모하메드가 이 모든 구절들을 발설했지만, 가브리엘이 그에게 말한 구절들을 자주 잊어버리기도 했다(*Hadith*, Vol. VI 주 558, 562).

VI. 현재의 코란 본문은 오트만이 명령하여 만들어졌으며, 그 이전의 다른 모든 코란들과 필사본들을 불태워 버린 후에 만들어졌다. 오트만이 그의 코란을 편집한 후에도 없어진 구절들이 있었다(*The Holy Hadith*, IV 주 62, Vol. VI 주 510).

제 5 장

혼란과 광란의 집

모하메드는 여러 번 "영감받은 무오한 진술"을 발설했고, 일주일 혹은 하루도 지나지 않아서 알라께서 "그의 마음을 바꾸셨으며" 그 위대한 진리를 "취소했다"고 주장했다. 하디스의 주석가인 수유티(Suyuti)는 "때때로 계시가 선지자에게 밤에 임하기도 했는데, 다음 날 낮이 되었을 때 선지자는 그것을 기억하지 못하기도 했다. 그래서 하나님께서 코란의 수라 2:106을 주신 것이다." 이 구절을 살펴보자.

> 「우리가 이전에 계시한 계시를 취소하였거나 혹은 망각하게 했을 경우에, 그 이상 또는 그와 동등한 것을 주려 하고

있다. 알라가 전지전능하시다는 것을 그대는 모르느냐?」(수라 2:106).

자라란(Jalalan)은 이 구절에 대해서 가브리엘이 모하메드에게 이렇게 말했다고 한다. "그 구절의 권위를 없애기 위해, 오 모하메드여, 우리는 너로 잊어버리게 하겠노라. 우리가 그 구절을 너의 마음으로부터 제거할 것이다."

코란에 "영감"을 준 신이 누구든지 기억력이 형편없거나 정신 박약 증상이 있는 존재임에 틀림없다. 이런 식으로 모든 모슬렘들은 수라 53:19-20이 없는 것처럼 취급한다. 이 부분은 알라 곧 월신(月神)에게 세 명의 딸이 있다고 말하는 내용이다. 정신이 나간 모슬렘들은 이 "영감받지 않은 구절"을 인용했다는 이유로 루쉬다이(Rushdie)를 살해했다. 이 위선자들은 자신이 무슨 말을 하는지도 모르고 "가브리엘이 모하메드에게 와서 말하기를 사탄이 그의 혀에 그가 하는 말을 넣어 주었다."고 말했다.

즉 모하메드는 알라가 말하지 않은 것을 자신이 발설했다고 해명했고, 가브리엘도 알라가 말하지 않은 것을 전달했다고 고백한 것이다. 또한 가브리엘은 자신이 한 말은 사실 마귀가 넣어준 말이었다고 시인한 것이다. 차라리 모하메드와 알라와 사탄이 모두 공모했다고 말하는 편이 더 설득력 있을 것이다!

그러나 지금까지 코란에서 가장 사탄적인 구절은 수라 2:106이나 수라 53:19-20이 아니다. 코란에서 가장 사탄적인 구절은 수라 37:125이다. 이 구절은 모슬렘들이 얼마나 혼미하고 어리석은지 잘 보여 준다.

「당신들은 바알에게 기도하면서 창조주들 중의 최고의 창조주를 버리는가?」(수라 37:125, p.442, *Holy Quran*, Ansariyan Publications, Islamic Republic Of Iran).

즉 모슬렘들은 "유일신"을 믿지만 창조주가 하나 이상이라고 믿는다는 것이다! 어떤 언어로 번역된 어떤 판이든지 코란은 수라 37:125에서 "알라"가 유일한 창조주가 아니라, 알라는 다만 "모든 창조주들 중의 최고"라고 말한다. 즉 다른 많은 창조주들이 있다는 것이다!

따라서 이슬람은 그들 자신의 경전의 가르침에 따르면 다신교이다. 글도 읽을 줄 모르고 간질병을 앓고 음행을 일삼는 모하메드는 "알라"와 동등한 권위를 자신에게 주어 스스로를 신으로 만들었다.

「사도에 복종하는 자는 곧 알라에게 복종하는 것이다. 가령 이에 배반하는 자가 있어도 당신을 그와 같은 사람들의 감시인으로 보내시지는 않는다」(수라 4:80).

또한 알라 외에 다른 창조주들이 있음을 인정했다. 이러한 엄청난 오류를 보면 누가 코란을 썼든지 간에 올바른 지성도 믿음도 없는 자임을 알 수 있다.

알라의 유일하며 참되고 거룩한 "선지자"가 발설한 말 중 일부를 인용하고자 한다. 5억이 넘는 모슬렘 인구가 믿는 코란의 "예언"이 여기 있다.

「그 때의 첫 번째 표적은 불이며, 그 불이 동에서 서까지 사람들을 데리고 올 것이다. 낙원에 간 사람들이 먹는 첫 번째 식사는 물고기의 간엽(肝葉)이다. 아기가 부모 중 누구를 닮는가는 이렇게 결정된다. 남자가 자기 아내와 성관계를 가질 때 먼저 사정하면 그 아이는 아버지를 닮고, 만약 여자가 먼저 흥분하면 아이는 여자를 닮게 된다.」

이것이 알라의 유일하고 진실하며 거룩한 선지자께서 하신 예언이다. 이런 자를 모슬렘은 "샤하다"(Shahada) 기도 속에서 하루에 다섯 번 시인하는 것이다. 인도네시아, 말라야, 라이베리아, 파키스탄, 방글라데시, 나이지리아, 앙골라, 이디오피아, 터키, 아라비아, 시리아, 아프가니스탄, 모로코, 이집트, 이라크, 이란, 리비아 등에서 전 세계 모슬렘들이 믿고 숭배하는 선지자 모하메드의 예언이 고작 이런 것이다.

우리가 인용한 모하메드의 예언의 첫 번째 부분은 역사적인 시간 요소가 없다. 즉 모하메드는 역사가 다 끝났을 때 일어날 일을 대충 추측하여 쓴 것이다(계 20:11-15).

모하메드가 가장 좋아하는 "아내" 아이샤(Aisha)가 목격한 바에 따르면 모하메드는 바니 자라이크(Bani Zaraiq)라는 주술사를 찾았고 그 마법에 걸려 자신이 한 번도 하지 않은 일들을 상상하기도 했다고 한다(*The Holy Hadith*, Vol. VII 주 658). 그는 상상으로 줄곧 거짓말만 한 것이다. 모하메드의 포교 방식은 "믿든지 아니면 죽든지 양자택일하라."이다. 이슬람의 "알라"가 다윗, 모세, 이사야, 다니엘, 예레미야, 에스겔, 스가랴, 예수 그리스도를 제쳐 두고 선택한 선지자가 바로 이 모하메드이다. "알라"가 어떤 신이든지 매우 괴상한 취향을 가진 신인 것은 분명하다.

모하메드는 자신의 아홉 살 된 신부와 놀아난 뒤부터, 다른 열세 명의 아내들에게는 흥미를 잃어버리고 4:1의 비율로 이 여자아이와 주로 성관계를 가졌고 그가 죽을 때 그는 아홉 명의 과부를 남겨 두었다. 이런 색욕적인 음행이 용인될 수 있는 사회는 없기 때문에, 모하메드는 그가 더 나이가 많은 아내들과 함께 자지 않은 날도 그렇게 한 것처럼 꾸며댔다. 이상은 모하메드가 가장 즐겨 찾던 여자아이(아내) 아이샤가 밝힌 내용이다(*The Holy Hadith*, Vol. VII 주 661).

자, 이것이 코란의 저자의 참 모습이다. 사실 어떤 아랍인도 알라가 돌 위에 그의 계시를 기록하는 장면을 본 적이 없다. 주 하나님께서 직접 돌 위에 말씀을 기록하시는 장면을 목격한 것은 모세였다.

『주께서 시내 산에서 모세와 이야기를 마치셨을 때 하나님께서 손가락으로 쓰신 두 증거판인 돌판들을 모세에게 주시니라』(출 31:18, 참조 34:1).

『주께서 집회의 날에 산의 불 가운데서 너희에게 말씀하시어 십계명을 처음 기록하신 대로 돌판에 기록하셨으며 주께서 그것들을 내게 주셨느니라』(신 10:4).

실제로 가브리엘이 모하메드와 말하는 것을 듣거나 본 모슬렘은 한 명도 없다. 그러나 바울의 동료들과 이스라엘 백성들은 주 하나님의 음성을 들었다.

『그가 길을 떠나 다마스커스에 가까이 왔을 때 갑자기 하늘로부터 한 줄기 빛이 그를 둘러 비추는지라, 그가 땅에 엎드려 그에게 말하는 음성을 들으니 "사울아, 사울아, 네가 왜 나를 박해하느냐?"고 하시더라... 그가 떨며 놀라서 말하기를 "주여, 내가 어떻게 하기를 원하시나이까?"라고 하니 주께서 그에게 말씀하시기를 "일어나서 성읍으로 들어가라. 그러면 네가 행해야 할 일을 네게 일러 주리라."고 하시더라. 한편, 그와 동행하던 사람들은 음성은 들으나 아무도 보지 못한 채 말없이 서 있더라』(행 9:3-7).

『아버지시여, 이 시간으로부터 나를 구해 주소서. 그러나 이 일을 위하여 내가 이 시간까지 왔사옵니다. 아버지시여, 아버지의 이름을 영화롭게 하옵소서."라고 하니, 그때 하늘에서 음성이 나기를 "내가 그 이름을 영화롭게 하였고 또다시 영화롭게 하리라."고 하시더라. 그때 곁에 서서 그 음성을 들은 무리가 말하기를 "천둥소리였다."고 하고, 또 어떤 사람들은 "천사가 그에게 말한 것이라."고도 하더라』(요 12:27-29).

모하메드는 교묘한 거짓말들로 일관하며 수많은 무리들을 속였고, 그의 추종자들은 앞뒤 가리지 않고 그를 믿었다. 아무도 모하메드가 구약을 베꼈으리라 의심치 않았고, 구약을 읽어 볼 생각도 못한 것이다.

이것이 거룩한 코란의 유래다!

제 6 장

거짓말과 거짓말쟁이들의 아성

성경의 영감은 우리가 굳이 설명하거나 입증하려고 애쓰지 않아도 된다.

『모든 성경은 하나님의 영감으로 주어진 것으로 교리와 책망과 바로잡음과 의로 훈육하기에 유익하니』(딤후 3:16).

『그의 모든 편지에서도 이런 것에 관하여 말하고 있으나 그 가운데는 깨닫기 어려운 것이 더러 있어 무식한 자들과 견고하지 못한 자들이 다른 성경들처럼 억지로 풀다가 스스로 멸망에 이르느니라』(벧후 3:16).

『또 그가 나에게 말하기를 "이 말씀들은 신실하고 참되도다. 거룩한 선지자들의 주 하나님께서 반드시 속히 되어질 일들을 그의 종들에게 보이시려고 그의 천사를 보내셨느니라』(계 22:6).

통계학적인 확률의 법칙에 있어서 성경의 수학적인 기적은 그것의 진정한 저자가 누구인지 확실히 보여 준다. 초자연적인 현상이나 기적적인 계시는 사실 믿음이나 성사나 신조나 종교와는 상관이 없다. 문화나 천사, 도덕률, 원리들, 개인의 행동, 종교 등은 영감과는 별 관계가 없다. 성경은 역사 속에서 성취된 예언들로 스스로를 증명하는 것이다.

『**주**가 말하노니 너희는 송사를 일으키라. 야곱의 왕이 말하노니 너희의 강력한 주장을 내어 놓으라. 그들로 주장들을 내어 놓고 무슨 일이 일어날지를 우리에게 보이게 하라. 그들로 이전 일들을 보이게 하여, 그것들이 무엇이든지 간에, 우리로 그 일들을 숙고하고 그 일들의 나중 결말도 알게 하라. 아니면 앞으로 있을 일들을 우리에게 선포할지니라. 이후에 있을 일들을 보여 주어 우리로 너희가 신들인 것을 알게 하라. 정녕, 선을 행하거나 악을 행하라. 우리가 놀라며 그것을 함께 보리라. 보라, 너희는 아무것도 아니며 너희의 일은 헛것이라. 너희를 택한 자는 가증함이라』(사 41:21-24).

『나, 곧 나는 **주**요, 나 외에는 구주가 없느니라. 너희 가운데 어떤 이방 신도 없었을 때, 내가 선언하였고 구원하였으며, 또 내가 보여 주었도다. 그러므로 너희는 나의 증인들이요, 나는 하나님이라, 주가 말하노라. 정녕, 날이 있기 이전부터 나는 그니 내 손에서 구해 낼 자가 없도다. 내가 실행하리니, 누가 그것을 저지하리요?』(사 43:11-13).

모하메드 숭배자들은 성경처럼 읽고 공부할 만한 책이 없기 때문에 그들 자신의 재주로 불가능한 것을 증명하려고 안간힘을 다한다. 즉 코란이 역사도 예언도 아니지만 영감받은 책이라고 주장하는 것이다. 다음에 오는 것은 코란의 영감에 대한 "주장들"과 "증거들"은 유치한 장난에 불과하다.

예를 들어서, 코란에 무슨 중요한 것이 기록되어 있는 것처럼 가장하기 위해서 그들은 각 장마다 장 제목을 붙였는데 장의 내용과는 전혀 상관없는 것이다. 코란을 읽어 보면 12장을 채 지나기도 전에 "만트라"(Mantra) 곧 진언(眞言)들이 수도 없이 이어지는 것을 알 수 있다. 사실 이 "만트라"는 지면을 채우기 위한 장치일 뿐이다. 예를 들어서 13장은 "우뢰"의 장(수라)인데, 총 43구절 중 41구절이 "우뢰"와는 상관없는 내용이다. 그리고 14, 15, 16, 17, 18, 19, 20장과 다른 모든 장이 다 이런 식이다.

35장은 그 제목이 "창조자"인데, 45구절에 달한다. 그러나 그 내용에는 창조자의 창조행위를 말하는 내용이 하나도 없다. 35장의 내용은 "신의 은총들"이라 불린다. 행위에 의한 구원을 말하며 독창적인 부분이 전혀 없고, "진리가 승리하리라."고 말하는 부분이 있지만 그 내용 안에 진리는 없고, 4, 5, 6, 7, 8, 9장 등에서 말한 것을 재탕했다. 그리고 나머지 내용들도 구약에서 차용해 와서 진리를 반쯤 섞어 놓은 진술들에 불과하다.

95장은 "무화과"의 장인데, 전혀 무화과나무와 상관없는 내용이다.

96장은 "응혈"(凝血)의 장인데, 19구절 중 "응혈"을 언급하는 구절은 하나밖에 없고, 나머지는 다른 내용이다.

105장은 "코끼리"의 장인데 코끼리에 대한 언급은 전혀 없다. 코끼리의 생김새나 음식이나 서식지나 습성이나 약점이나 강점이나 천적이나 수명이나 유래나 그 어떤 관련 내용도 없다. 모두 전쟁에서 죽은 모하메드 숭배자들에 대한 내용뿐이다.

69장은 "확실한 진리"의 장인데, 2, 3, 4, 5, 11, 12, 13, 14, 21, 22, 23, 24, 25, 26장에 나왔던 동일한 내용을 지루하게 반복해 놓았다.

46장에서는 "사구(砂丘)"의 장인데, "모래"나 "언덕"이나 "모래언덕"에 대한 내용은 눈을 씻고 봐도 없다. 총 35개의 구절은 하나님의 "선지자"라고 하는 자가 자신이 죽으면 지옥으로 가는지 낙원으로 가는지 혼란스러워하며 중얼거리는 한심스런 내용이다 (46:9).

영생에 대한 확신을 가질 수 없는 모슬렘들은 음행을 일삼고 사기치는 모하메드가 지극히 거룩하기 때문에, 그가 백보좌 심판에서 그들의 중보자가 되어 줄 것이라고 한다(Abi Abdaliah Muhammad Suliman Al-juzulil, 〈축복의 증거들, *Proofs of Blessing*〉, p.92). 그리고 알라가 아니라 모하메드가 "진리"(THE TRUTH)이며, 모하메드가 "거룩의 영"(THE SPIRIT OF HOLINESS, 롬 1:4을 표절함)이고, "진리의 영"(THE SPIRIT OF TRUTH, 요 14:17을 표절함)이며, "중보자"라고 한다(THE INTERCESSOR, 롬 8:26을 표절함). (〈모하메드의 201가지 이름, *Two Hundred and One Names for Mohammed*〉, Al-Manar, Tunis, 1964, pp.25,30). 모하메드에게 붙인 칭호들이 모두 성경에서 가져다가 써먹은 것인 줄 모를 사람이 어디 있겠는가?

위의 주장들은 아라비안 나이트에 나올 법한 것이며, 코란은 아무도 알라의 중보자가 될 수 없다고 말하고 있다(수라 6:94; 40:18; 2:123; 2:254; 39:43,44; 6:51; 32:4; 53:26; 34:23; 21:28; 19:87 등).

「믿는 자들아! 우리가 그대들에게 준 비축을 써라. 거리도 우정도 중재도 없는 날이 오기 전까지. 믿음이 없는 자야말로 참으로 불의의 무리다」(수라 2:254).

「그대는 그들에게 다가오는 날의 경고를 해 두어라. 그날 심장은 목구멍을 막아 질식한다. 의롭지 못한 짓을 하는 자에겐 친구도 없고, 또 들어 달라고 할 건덕지도 없다」(수라 40:18).

「주의 곁으로 불려 가는 것을 두려워하는 사람들에게 이렇게 경고하라. 그들에게는 주 이외에 어떤 보호자 중재자도 없다. 그들이 그분을 두려워하고 공경하게 되면 좋다」(수라 6:51).

「알라를 제외하면, 너희들에겐 어떠한 비호자도 중재자도 있을 수 없다. 그래도 아직 너희들은 정신을 차리지 않겠느냐?」(수라 32:4)

모슬렘들이 모하메드에게 부여한 이름들은 그들이 알라를 부르는 칭호와 같은 것이다. 알라에게는 이름이 없다. "알라"라는 말은 단순히 "하나님"(THE God)을 뜻한다. 모하메드를 숭배하는 사람들이 "알라"에게 몇 가지 이름을 붙여 주었고, 모하메드도 알라와 동일한 이름들을 가졌다. 그래서 하디스는 코란이 거짓임을 증명하는 것이다.

〈이슬람교 사전, *Dictionary of Islam*〉에서 "중보"라는 항목을 찾아보라. 하디스에서 발췌한 중보에 대한 인용문들을 볼 수 있을 것이다(p.214, Mishkat, Vol. 33 주 12).

모하메드는 "나는 큰 죄들을 지은 자들을 위해 중보할 것이다." 라고 말했다고 한다.

모하메드는 감히 예수 그리스도의 사역을 강탈하려 한 것이다. 정말 겸손한 "선지자"가 아닌가? 모든 모슬렘을 위한 참으로 훌륭한 귀감이 아닌가?

『나의 어린 자녀들아, 내가 이런 것들을 너희에게 쓰는 것은 너희로 죄를 짓지 않게 하려는 것이라. 그러나 만일 누가 죄를 지으면 우리에게 아버지와 함께 있는 한 변호인이 있으니, 곧 의인이신 예수 그리스도시라』(요일 2:1).

『내가 그들을 위하여 기도하나이다. 나는 세상을 위하여는 기도하지 아니하고 다만 아버지께서 내게 주신 자들을 위하여 기도하나이다. 이는 그들이 아버지의 사람들이기 때문이니이다』(요 17:9, 참조, 17:20).

그러면 모하메드가 당신을 위해 중보하기 위한 조건은 무엇인가? 간단하다. "하나님 외에 다른 신은 없다"이다. 그러나 이 정도는 마귀들도 믿는다(약 2:19, 『네가 한 분 하나님이 계심을 믿으니 잘하는 것이라. 마귀들도 믿고 떠느니라』). 유대인들은 『오 이스라엘아, 들으라. **주** 우리 하나님은 한 분 **주**시니』라고 하신 말씀을 유일신교적으로 각색했고(신 6:4), 모하메드가 다시 이를 표절한 것이다. 신명기는 알라의 "선지자"가 나타나기 2,000년 전에 기록되어 있었다.

모하메드가 당신에게 강요하는 신은 이름이 없다. "알라"라는 말은 어떤 신의 이름이 아니다. 그것은 단지 "하나님" 혹은 "신"을 의미하는 단어일 뿐이다.

모하메드를 신격화하는 것이 얼마나 어리석은지 손쉽게 알아보는 방법이 있다. 성경대로 믿는 그리스도인은 신약성경이 사망과 마지막 심판을 다루는 본문을 접할 때마다 "모하메드"라는 이름을 넣어보기만 하면 된다. 그렇게 하면 코란이 얼마나 놀라운 "진리들"을 말씀하고 있는지 발견하게 될 것이다!

"하나님께서 선정하신 *모하메드로 하여금* 의로 세상을 심판하실 한 날을 정해 놓으시고 *모하메드를* 죽은 자들로부터 살리시어 모든 사람에게 확신을 주셨다는 것이라"(행 17:31 참조).

"하나님께서 *모하메드를* 지극히 높이셔서, *모하메드에게* 모든 이름위에 있는 한 이름을 주셨으며, *모하메드의* 이름에 모든 무릎이 꿇을 것이며, ... 모든 혀가 *모하메드를* 하나님의 유일하고 참되며 거룩한 선지자라고 선언하리니"(빌 2:9-11 참조).

"그러므로 너희는 가서 모든 민족들을 가르치고 아버지와 아들과 *모하메드의 이름으로* 침례를 주라."

"*모하메드로* 충만하라!"

"*모하메드를* 슬프시게 하지 말라. 이는 너희가 구속의 날까지 그로 인해 인침을 받았느니라."

"너희가 믿은 후로 너희는 *모하메드로* 인침을 받았느니라."

예수 그리스도는 "*모하메드에 따라* 죽은 자들로부터 부활하여 능력으로 하나님의 아들로 선포되셨으니"(모하메드가 "거룩의 영"이라 말하지 않았는가!).

"*모하메드가* 너희와 함께 영원히 거하시리니, 곧 모하메드니라."(요 14:16,17 참조, "진리의 영"이 모하메드라고 주장한 것을 기억하라).

"*모하메드를* 아버지께서 내 이름으로 보내시리니"(요 14:26 참조).

"*모하메드를 거슬러* 모독하는 자는 결코 용서받지 못하고"(막 3:29 참조).

베드로와 요한이 사마리아에 와서 "사마리아인들이 *모하메드를* 받도록 기도하니 이는 *모하메드가* 아직 그들 가운데 아무에게도 내리신 적이 없고"(행 8:14-17 참조).

우습지 않은가? 코란을 가르치는 모든 모슬렘 교사들은 성경이 이렇게 기록되어야 한다고 믿는 것이다. 그들은 이런 우스꽝스러운 이단교리가 별 탈 없이 통과될 줄로 여겼던 것이다.

지금까지 기술한 것이 이슬람교의 참모습이다. 코란이 모하메드에 대해서 말한 것을 곧이곧대로 믿기 때문에 그들은 "모하메드교"를 신봉하게 된 것이다. 그래서 그들은 역지사지로 신약성경이 변개된 책이라 믿는 것이다. 또한 이것이 모슬렘들이 필자와 같이 이슬람에 대한 진실을 드러내는 사람은 누구나 살해해야만 하는 이유이다. 안타깝게도 모든 모슬렘은 예외 없이 이러한 칠흑 같은 영적 흑암 속에서 살다가 죽는 것이다.

제 7 장

코란의 과학성?

코란이 이와 같이 역사적 진리와 영적 진리를 철저히 변개했다는 혐의를 벗기 위해 모슬렘들은 코란이 "성경에서는 찾을 수 없는 향상된 과학적인 정보를" 담고 있다고 주장한다. 이 우습지도 않은 여섯 가지 "과학적" 사실들을 살펴보자.

1. 물의 순환

물의 순환은 코란의 수라 50:9-11; 35:9; 30:48; 7:57; 25:48-49에 자세히 기록되어 있다고 주장한다.

코란의 내용은 모하메드가 태어나기 약 1,000년에서 1,800년 전에 기록된 성경에서 임의 도용한 것이다.

『바람은 남으로 불다가 북으로 돌이키며, 계속해서 돌며 불다가 그 순환을 따라 다시 돌아가는도다. 모든 강물은 바다로 흘러가나 바다는 여전히 채워지지 않으며, 강물들은 발원한 곳으로 다시 돌아가는도다』(전 1:6-7).

『일곱 별과 오리온을 만들고 죽음의 그림자를 아침으로 바꾸며 낮을 밤으로 어둡게 만들며 바다의 물들을 불러 지면에다 붓는 그를 찾으라. 주가 그의 이름이니』(암 5:8, 참조 사 55:9-11).

『그가 물방울을 작게 만드시나니 그 물방울들이 그 수증기대로 비로 쏟아지느니라. 구름은 수증기를 물방울로 만들어 사람 위에 많이 떨어뜨리는도다』(욥 36:27-28).

2. 바다에서의 물의 흐름

이 내용도 모하메드가 태어나기 1,000년 전부터 인쇄되어 있었다. 모하메드는 이 사실을 욥기 38:16과 시편 8:8에서 가져왔다. 그는 그의 두 명의 유대인 아내들로부터 이런 사실들을 조금씩 듣고 도용했을 것이다. 그는 거짓말쟁이요 살인자일 뿐만 아니라, 성경의 내용을 도용하는 도둑인 것이다.

『너는 바다의 샘들 속으로 들어가 보았느냐? 아니면 네가 깊은

곳을 찾아 거닐어 본 적이 있느냐?』(욥 38:16)

『공중의 새와 바다의 물고기와 해로를 다니는 모든 것들이니이다』(시 8:8).

3. 바닷물과 민물을 나누는 벽

이 내용은 수라 55:19-21과 25:53에 나와 있다. 코란이 뭐라고 말하든지 간에 민물과 바닷물을 나누는 벽은 없다. 직업적인 어부라면 누구나 담수와 염수가 있다는 사실을 다 알고 있다. 무슨 물을 나누는 장치나 벽이나 경계가 있는 것이 아니다. 민물이 바닷물에 닿게 되면 소금기가 있는 물이 된다. 곧바로 염수가 되지는 않고 조금씩 소금기 있는 물로 변하다가 완전한 염수가 되는 것이다. 코란은 상식에도 미치지 않는 것이다.

모하메드가 간질병 발작을 일으키며 계시를 받기 500년 전에 사도 야고보는 짠물과 단물에 대해서 기록했으며, 모하메드가 이 부분을 앞뒤 생각지 않고 베껴서 엉뚱한 주장을 하게 된 것이다.

『샘이 같은 곳에서 단물과 쓴물을 낼 수 있느냐? 나의 형제들아, 무화과나무가 올리브 열매를, 포도나무가 무화과를 맺을 수 있겠느냐? 그와 같이 짠물과 단물을 다 내는 샘은 없느니라』(약 3:11-12).

4. 산들(Orogenesis)

코란은 수라 31:10-11; 21:31; 16:15; 78:6,7; 88:17,19 등에서 산들에 대한 과학적인 증거를 댄다고 주장한다. 코란의 이 구절들은 산들이 텐트 주위에 박힌 "텐트 못처럼 박혀져 있다"고 말하고, "닻이 배를 고정시키듯" 땅이 움직이지 못하도록 고정시킨다고 말한다.

위에 인용한 코란의 다섯 개의 본문은 모두 성경과 자연법칙과 과학을 부인한 거짓말이다. 산들은 땅이 흔들리는 것을 막지 못한다. 이것은 과학적인 상식이다. 또한 산들이 지표면이 움직이지 않게 만드는 것도 아니며, 지표면은 불안정하다. 성경은 여러 번 산들이 폭발하고 무너져 내리고 그 자리에서 옮겨져 버릴 것이며, 지표면도 무너져 내릴 것을 말씀하셨다.

『그가 산들을 옮기셔도 그것들은 모르며, 그가 그의 진노로 그것들을 무너뜨리시는도다』(욥 9:5).

『바닷물이 노호하고 요동할지라도 바닷물이 불어나서 산들이 흔들릴지라도 *우리가 두려워하지 아니하리라.* 셀라』(시 46:3).

『보라, 내가 너로 이가 날카로운 새 타작기구를 삼으리니 네가 산들을 쳐서 부스러기로 만들 것이며, 작은 산들을 쭉정이같이 만들 것이라』(사 41:15, 참조. 계 6:16; 16:20).

5. 모하메드의 "일곱 하늘들"

먼저 이 일곱 하늘의 개념은 유대인들의 전통인 탈무드(Talmud), 조하르(Zohar), 카발라(Kaballa) 등에서 베낀 것이며, 코란에는 수라 71:15,16; 67:3; 41:12; 17:44; 2:29 등에 기록되어 있다. 이 구절들이 말하는 바에 대한 네 가지 이론들이 있지만 그 중 어떤 것도 과학적인 사실로 입증되는 것은 없다(〈코란과 성경, *The Qur'an and the Bible*〉, 2002, pp.174-175). 모슬렘의 "일곱 하늘"은 한 모슬렘이 상상으로 꾸며낸 개념으로 다음과 같이 설명한다(Dr. Torki[Avienna] Grant, pp.111-114).

첫째 하늘은 대기권이다. 둘째 하늘은 첫째 하늘 두께의 10,000배이며, 그 위에 있다. 셋째 하늘도 둘째 하늘의 10,000배이며, 그 위에 있다. 이렇게 해서 일곱 개의 하늘들이 있다는 것이다.

이상은 모두 모하메드의 근거 없는 날조일 뿐이며, 그는 자신이 무슨 말을 하고 있는지도 모른다.

성경은 하늘이 세 개라고 말씀하신다. 성경의 첫 번째 책의 첫 번째 장에서 이 세 하늘들을 모두 설명하고 있으며, 이는 코란이 만들어지기 2,000년 전이다. 첫째 하늘은 땅에서부터 40,000 피트까지를 말하며 곧 대기권이다. 둘째 하늘은 태양계나 북극성을 포함한 우주공간이다. 셋째 하늘은 북쪽에 있고(사 14:13, 시 75:6; 48:2), 분자와 원자분해가 없고 앤트로피가 작용하지 않는 영원에 있다(사 57:15).

『이는 네가 네 마음속에 말하기를 "내가 하늘에 올라가서 내가 내 보좌를 하나님의 별들보다 높일 것이요, 내가 또한 북편에 있는 회중의 산 위에 앉으리라』(사 14:13).

『이는 높이는 일이 동쪽에서나 서쪽에서나 남쪽에서 오는 것이 아니기 때문이라. 오직 하나님께서 재판장이시니 그가 한 사람은 낮추시고 다른 사람은 세우시는도다』(시 75:6,7).

『북편에 있는 위대한 왕의 도성 시온 산은 그 자리잡은 곳이 아름다우며 온 땅의 기쁨이니』(시 48:2).

알라와 그의 사자 곧 그의 선지자, 중보자, 구속자, 사도라 하는 자는 "하늘 나라"가 어디 있는지 모르며, 지옥과 스올, 하데스, 타타루스나 "새 예루살렘"이 어디 있는지 전혀 알지 못한다. 무지에 대해서라면 "알라와 그의 선지자"를 따라올 자가 없다.

6. 생명의 창조

알라와 모하메드와 이슬람교의 무지는 생명의 창조를 설명하는 부분에서 극명하게 드러난다. 이 영역은 해부학, 발생학, 유전학과 관련되어 있고 이슬람의 알라가 전혀 알 수 없는 분야이며, 모하메드가 아무리 가브리엘과 결탁한다고 해도 깨달을 수 없다.

먼저 정자가 "허리"에서 형성된다고 말한다.

「너 자신의 허리의 아들들의 아내들을 아내로 삼아서는 안 되며, 자매를 두 사람 동시에 아내로 삼으면 안 된다.」(수라 4:23, *Holy Quran*, Ansariyan Publications, Islamic Republic Of Iran)

「또 주가 아담의 자손에서, 즉 그들의 허리에서 차례차례 자손을 빼내어 그들에게 자기 자신에 대한 증언을 시킨 일이 있었던 일. '나는 너희들의 주가 아닌가.' 그들은 말했다」(수라 7:172).

코란이 정자가 허리에서 만들어진다는 과학적인 사실을 말하고 있다는 증명 구절들이 어디서 왔는지 아는가? 두 구절 모두 성경에서 베낀 것이다. 물론 이 성경 말씀들은 모하메드가 입을 열기 2,000년 전에 이미 기록되어 있었다.

『하나님께서 그에게 말씀하시기를 "나는 전능한 하나님이라. 다산하고 번성하라. 민족과 민족들의 무리가 네게서 나올 것이며 왕들이 네 허리에서 나오리라』(창 35:11).

『그러나 너는 그 집을 짓지 못할 것이요, 네 허리에서 나올 네 아들, 그가 내 이름을 위하여 집을 지으리라.' 하셨느니라』(왕상 8:19, 참조 행 2:30).

알라의 "계시"는 독창적이거나 새로운 내용이 전혀 없다. 이맘과 울라마들은 사람이 허리와 갈비뼈 사이에서 흘러나오는 액체로 만들어진다고 한다. 의학박사인 부실리(Dr. Buceille)는 코란의 다섯 개의 본문이 "이해하기 쉽지 않다"고 말하며, 그래서 그는 현대의 이론에 맞춰서 그 구절들을 해석한 것이다. 사실 그는 해석하거나 의역하지도 않았다(Campbell, op cit., p.184). 즉 그는 사적인 해석으로 코란의 구절을 해석하여 그것이 "과학적"이라고 증명했다고 하는 것이다. 그러나 코란은 평평한 지구나 "자연발생" 이론만큼도 과학적이지 않다.

이런 황당한 주장은 과학을 전공한 여섯 명의 대학 교수들이 〈거룩한 코란의 과학적인 기적들, *The Scientific Miracles of the Holy Koran*〉이라는 책을 쓰면서부터 시작되었다.

코란이 A.D. 700년경에 인간의 태아가 형성되는 과정을 기록해 놓았다고 설명하기 전에, 이들 교수들은 그들의 모든 자료가 사실 코란 밖에서 가져온 것임을 밝히고 있다(p.6). 그들은 단지 오늘날의 지식으로 '코란이 이런 의미였을 것이다'라고 추측해 본 것이다. 그리고 그들이 인용해 놓은 것도 있는 그대로의 코란의 구절들이 아니다. 예를 들어서 코란 23:12-14이다. 모하메드가 태아가 "알라카"(Alaqah) 단계와 "무드가"(Mudghah) 단계일 때 자궁에서 현탁액 상태로 있으며, 마치 응혈과 같은 모습이라고 말했음을 증명하려고 인용했지만 사실은 그렇지 않다. 태아는 마지막 단계에서 "이빨 자국" 같은 "체절들"(Somites)이 있으며, 그래서 이때 태아의 모습은 "씹다가 뱉은 껌"과 같은 모습이다(p.9).

이것이 코란의 과학적인 기적들이다! 모슬렘들은 눈 가리고 아웅하는 식으로 A.D. 620년에 알라의 "거룩한" 선지자가 과학 사실들을 발설했다고 주장하는 것이다.

필자는 여기서 코란을 읽어 본 사람이면 누구나 간과할 수 없는 주장들을 인용하고자 한다. 아마 이런 부분은 코란에서 성경이 인류에게 계시하지 못한 "향상된 계시"일지도 모른다! 다음은 가히 모하메드의 "산상설교"라 할 만한 것들이다.

1. 사람들은 죽기 전에 낙원에 간다(수라 89:30, 주 2732).

2. 예수 그리스도의 초림과 재림은 모하메드를 통해서 이뤄졌다(수라 17:81, 주 1461).

3. 죽은 모하메드에게 순종하면, 유일하고 참된 하나님 곧 "알라"에게 순종하는 것이다(수라 40:55, 주 2194).

4. 지옥은 문자적인 장소다(수라 40:47-50). 또한 지옥은 문자적인 장소가 아니다(*The Holy Quran*, M. M. Ali, 1995, pp.xx-xxi).

5. 천사들은 날개가 2개, 3개, 4개도 되고, 날개가 600개

있는 천사도 있다(수라 35:1, 주 2050a).

6. 어떤 그리스도인도 자신이 죽을 때 하늘에서 받을 상에 대해서 알 수 없다(수라 32:17).

7. 모슬렘들은 타락하지 않는 백성이다(수라 24:55, 주 1763).

8. 결코 "선으로 악을 이기지" 말라(롬 12:21). "네가 생각할 수 있는 최상의 방법으로" 악을 이기라(수라 23:96, 주 1727).

9. 삼위일체를 믿는 모든 그리스도인은 하나님의 저주를 받는다(수라 19:35; 9:30).

10. 천사들이 아담에게는 절을 해야 했지만, 예수 그리스도께는 절하지 않았다(수라 3:59; 2:34; 7:11). [그러나 히브리서 1:6을 보라.]

11. 모든 모슬렘들은 죽으면 일단 지옥에 가서 얼마간 지옥에 있어야 한다. 그런 후 지옥에서 건짐 받는다(46:9, *The Holy Hadith*, Vol. III 주 32,33).

12. 거듭남이 없이도 인간의 죄성을 바꿀 수 있다(수라 89:30, 주 2732, 97:4, 주 2779).

13. 모하메드는 코란의 114개의 장을 모두 암기했고 그 중 어떤 것도 까먹는 법이 없었다(87:7, 주 2716). [그러나 하디스에 따르면 그는 몇 장을 잊어버리기도 했다(Holy Hadith, Vol. VI, 주 558, 562).]

이것이 거룩한 코란의 기본적인 가르침이다. 이것이 전체 이슬람교를 떠받치고 있는 기둥인 것이다.

만약 누군가가 이중 하나를 믿지 않는다면, 그는 알라의 저주를 받는다. 왜냐하면 그는 알라의 "선지자"의 말에 순종하지 않았기 때문이다(수라 4:80). 우리는 날개가 600개 달린 천사가 말한 "영감받은 말씀"을 살펴봄으로써 유일하며 참된 하나님 "알라"와 그의 음행하고 간질병자이며 문맹자인 "거룩한" 선지자가 과연 어떤 존재들인지 그 진면모를 알 수 있는 것이다.

14. 유엔에서 가장 문명화되고 온순한 민족은 이슬람을 믿는 민족이다(이슬람 국가들, 수라 22:40, 주 1698, 22:78, 주 1711, 9:33, 주 1054). 왜냐하면 모슬렘들은 세상을 다스리라고 하나님께서 선택하신 백성이기 때문이다(수라 48:28, 주 2323, 21:95, 주 1659).

15. 죽은 자들로부터 살아난 사람은 단 한 명도 없다(수라 21:95, 주 1659).

고로 모하메드는 모세(마 17:8), 나사로(요 11:43-44), 유두고(행 20:9-11), 도르카(행 9:39-41), 예수 그리스도(요 11:25)의 부활을 부인한 것이다.

16. 모슬렘이 아무리 경건하더라도, 그는 자신의 구원 여부를 확신할 수 없다(수라 66:8; 9:18).

17. 베드로, 야고보, 요한, 바울은 지옥에서 불타고 있다(수라 21:98).

18. 모슬렘들은 하나님께서 만드신 백성이며, 지상에서 가장 위대한 백성이다(수라 21:10, 주 1667, 3:110; 6:74; 3:109).

19. 만약 당신이 예수 그리스도를 하나님의 아들로 믿는다면 당신은 "지옥불의 동참자"가 되고(수라 5:86; 9:30), 지옥에 던져질 것이다(수라 17:39; 31:98).

위의 사항들은 코란의 다섯 가지 역본에 동일하게 기록되어 있는 사항들이며, 모든 독실한 모슬렘 울라마와 이맘과 족장과 칼리프가 가르치는 바이다. 보수적이며 온건한 서구의 모슬렘들도 위와 동일하게 믿어야 올바른 모슬렘이 되는 것이다.

이러한 이슬람교의 교리가 현대의 모든 테러리즘의 직접적인 원인이다. 위의 진술은 "급진적"인 것이 아니다. 오히려 일반적인 이슬람의 "신조들"일 뿐이다. 즉 그들의 "황금률"인 것이다.

코란과 하디스에서 가르친 바를 실행하는 자들은 그들의 입장에서는 "테러분자"나 "급진주의자"가 아니다. 오히려 모슬렘 테러분자들은 순수하고 헌신적인 순교자들이며, 선행으로 하늘 나라로 가는 티켓을 얻고자 했을 뿐이다. 즉 그들의 무지함을 조롱하는 자나 불신자를 죽이는 행위는 그들의 경전에 명시된 선행인 것이다. 이것이 모든 모슬렘이 믿는 바이다. 모슬렘들이 유럽인과 미국인과 함께 협상 테이블에 앉아 있을 때에도 그렇게 믿지 않는 것처럼 가장하고 있을 뿐이다.

코란은 구약성경을 변개한 책이다. 코란은 어떤 향상이나 계시나 새로운 아이디어나 미래에 대한 지식을 구약에 더한 것이 아니라, 구약의 내용을 그들의 목적에 맞게 도용하고 편집해 놓았을 뿐이다. 이 사실을 증명해 줄 가장 확실한 증거는 선지자로서 모하메드의 성적이다. 성경은 하나님의 "사자"는 침례인 요한이며 (말 3:1, 사 40:3, 막 1:2-3), 요한보다 더 "위대한 선지자"가 없다고 말씀하신다(마 11:11). 그러나 모하메드는 자기가 그 선지자라고 스스로를 세뇌시켰고, 가짜 "가브리엘"을 만들어 그에게 권위를 부여했다. 이 "가브리엘"은 코란의 "예수"(Isa)와 코란의 "모세"(코란에 따르면 모세는 죄가 없다) 코란의 "다윗"(그도 죄가 없다)과 코란의 "이스마엘"(그는 알라의 선택받은 씨이다)처럼 상상의 나라에서만 존재하는 가공의 인물이다.

모하메드는 사람들이 자신에게 순종하면 알라에게 순종하는 것이라고 선언할 만큼 배포가 크지 못했다. 그래서 그는 간접적으로 "가브리엘"이 "알라와 그의 선지자"에게 순종하라고 말했다고 가르쳤다(수라 4:80).

선지자로서 모하메드는 한심한 실패작이다. 선지자로서 한 사람을 측정할 수 있는 가장 확실한 방법은 그를 성경의 선지자와 비교해 보는 것이다. 예를 들어 모하메드가 발작을 일으키며 입에 거품을 물고 땅바닥을 구르며 "예언"하기 적어도 400년 전에 예언한 선지자들과 그를 비교해 보는 것이다.

제 8 장

"선지자"로서의 모하메드

"알라"가 "가브리엘"에게 준 계시를 전달하여 기록한 것이 코란이라고 한다. 이번에는 코란의 114개의 장에서 찾을 수 있는 역사적인 예언들을 점검해 보자.

A.D. 613년 로마 군대는 페르시아에서 패배당하고 9년 후인 A.D. 622년 로마인들이 다시 페르시아를 패배시킨다.

이것은 여섯 명의 모슬렘 대학 교수들이 쓴 책에 나온 목록에 제시된 사항이다(〈이슬람교에 대한 개괄적인 이해, *A Brief Illustrated Guide to Understanding Islam*〉, Darussalam, 1996). "이슬람교의 진리"를 증명하기 위해, 모슬렘 교수들은 8가지 항목을 제시한다. 그 중 어떤 것도 예언이 아니며 역사적 사건을 말한 것이 아니다.

무식하고 어리석은 알라의 선지자 모하메드의 예언에 대해 이 여섯 명의 교수들이 제시하지 않은 부분을 캠벨 박사는 밝혀 놓았다.

1. 바드르 전쟁(the Battle of Badr)에서 이긴다는 "예언"(수라 54:43-48)이 있다. 그러나 이 예언은 사실 마지막 날 최종적인 심판에 대한 비역사적인 추측이었을 뿐이다.

2. 전쟁의 노획물들에 대한 "예언"이다. 그러나 이 예언은 그 전쟁이 끝나고 주어졌다(수라 8:43).

3. 모하메드가 환상을 본 후, 그가 메카(Mecca)에 들어갈 것이라는 "예언"이다(수라 48:25). 예언과 달리 그는 메카로 가는 여행을 하지 않았고 협상을 했다. 그는 메카로 가는 것을 중단했고, 미래의 모슬렘들이 그 협정으로 메카로 갈 수 있게 하였을 뿐이다.

이것이 "선지자"로서 모하메드의 이력이다. 이것이 전부다!

코란에서 미래를 다루는 다른 모든 예언은 "마지막 날"에 대한 모하메드의 추측들에 불과하다. 성경은 이미 이 주제에 대해서 모하메드가 태어나기 적어도 400년 전에 자세한 예언들을 제시해 놓았다. 잠언, 전도서, 마태복음, 다니엘과 계시록을 읽어 보라. 성경의 예언에 비하면 모하메드의 예언은 이마트에서 진품 스트라디

바리우스를 저가로 판매하고 있다는 얘기만큼이나 신빙성 없는 것이다.

성경에는 "하나님의 사람들"(벧후 1:21)과 "하나님의 선지자들"(스 5:2)이 나오며, 그들은 특정한 대상에게 어떤 일이 일어날 것이며 언제 일어날 것인지 정확하게 제시해 놓았다(왕상 14:12; 13:2, 왕하 1:6, 창 3:15, 출 7-10장, 겔 38-39장, 단 2, 7장, 삼상 10:3-5, 마 24장, 행 13:11, 27:10, 21:11). 또한 성경에서는 진짜 하나님께서 직접 사람들에게 무엇이 지상에서 일어날 것이며 어떻게 기록된 역사로 남을 것인지 말씀하셨다(삼상 2:34, 삼하 7장, 왕상 3:11-14, 19:15-18, 렘 16, 19, 25장, 8:1-3, 습 3:8, 슥 12, 14장, 판 6:11-17, 수 7:10-15, 암 9:11-15, 눅 21:10-26, 롬 11:25-28, 살후 2:1-12, 계 1:7-17).

성경의 예언들이 어떻게 성취되는지 그 샘플을 제시하고자 한다.

예언 1 : 『그러므로 너는 일어나 네 집으로 가라. 네 발을 성읍에 들여 놓을 때 그 아이가 죽을 것이라』(왕상 14:12).

성취 : 『여로보암의 아내가 일어나서 떠나 티르사로 가서 문지방에 들어서니 그 아이가 죽으니라』(왕상 14:17).

예언 2 : 『그가 **주**의 말씀으로 제단을 향하여 외쳐 말하기를 "오

제단아, 제단아, 주가 이같이 말하노라. 보라, 다윗의 집에 요시야라 이름하는 한 아이가 태어날 것이요, 그가 네 위에서 분향하는 산당의 제사장들을 네 위에 제사하리니 사람들의 뼈가 네 위에서 불살라지리라." 하고』(왕상 13:2, B.C. 975).

성취 : 『또 이스라엘로 죄를 짓게 한 느밧의 아들 여로보암이 만든 벧엘에 있는 제단과 산당, 곧 그 제단과 산당을 왕이 모두 깨뜨리고 산당을 불살라 가루로 잘게 빻았으며 아세라를 불살랐더라. 또 요시야가 돌이켜 산에 있는 묘들을 정탐하고, 보내어 묘에서 뼈들을 취하게 하여 제단 위에서 불살라 그 제단을 더럽게 함으로 하나님의 사람이 선포한 주의 말씀대로 되었으니 그가 그러한 말씀을 선포하였더라』(왕하 23:15,16, B.C. 624년).

예언 3 : 『코레스에 관하여 말하기를 "그는 나의 목자요, 나의 모든 기쁨을 이행하리라." 하며, 예루살렘에게도 말하기를 "너는 재건되리라." 하고 성전에게는 "네 기초가 놓여지리라." 하는 이라』(사 44:28, B.C. 712년).

성취 : 『"페르시아의 코레스왕이 이같이 말하노라. 하늘의 주 하나님께서 세상의 모든 왕국들을 나에게 주시고, 유다에 있는 예루살렘에 그를 위하여 전을 건축하라고 나에게 명하셨느니라. 그의 모든 백성 중에 너희 가운데 있는 자가 누구냐? 주 그의 하나님이 그와 함께하시리니 그는 올라갈지니라." 하더라』(대하 36:23, B.C. 593년).

예언 4 : 『내가 내 백성 이스라엘의 사로잡힌 자를 다시 데려오리니 그들이 황폐한 성읍들을 세워 그곳에 거주할 것이요, 또 그들이 포도원들을 만들어 그 포도주를 마시겠고 그들은 또한 정원들을 만들어 그 열매를 먹으리라. 내가 그들을 그들의 땅에다 심으리니 그들이 다시는 내가 그들에게 주었던 그들의 땅에서 뽑히지 아니하리라. 주 너의 하나님이 말하노라』(암 9:14,15, B.C. 787년).

성취 : 하나님의 예언에 따라 이스라엘 민족은 1917년 영국의 밸푸어 선언을 계기로 이스라엘 땅으로 돌아와 1948년 5월 14일 독립 국가를 선언했으며, 지금도 하나님께서 그들의 조상들에게 약속하신 땅에 거하고 있다.

우리가 제시한 성경의 예언들은 마지막 날의 마지막 심판에 대한 애매모호한 성질의 것이 아니다. 전능하신 주 하나님께서 구체적인 대상에 대한 구체적인 사건들을 말씀하는 예언들이며 모두 역사 속에서 성취되었다.

첫 번째 예는 여로보암왕의 아들 아비야의 죽음에 관한 것이며, 주 하나님께서 예언을 주신 그날 즉시 성취되었다.

두 번째 예는 하나님께서 태어나지도 않은 왕의 이름을 거명하시며 그가 유다에서 우상 숭배를 척결하리라 말씀하신 예언이다. 이 예언은 약 350년 후 유다 왕 요시야에 의해서 정확하게 성취된다.

세 번째 예는 하나님께서는 태어나지도 않은 이방 왕의 이름을 거명하시며 예루살렘 성의 재건을 말씀하신 예언이다. 이 예언은 약 119년 후 페르시아 왕 코레스가 예루살렘의 재건을 명령하는 것으로 성취되었다.

네 번째 예는 이스라엘의 회복에 대한 예언이다. 북왕국 10지파는 B.C. 721년 앗시리아에 포로로 잡혀갔으며, 남왕국 유다는 B.C. 606년 바빌론에 포로로 잡혀간다. B.C. 536년 유다가 돌아온다. 그러나 이스라엘 민족은 A.D. 70년 티투스의 예루살렘 파괴 이후로 완전히 민족들 가운데 흩어져 있다가 1917년부터 돌아와 1948년 5월 14일 독립 국가 선언을 함으로써 약 2,700년 만에 성경 예언이 성취된 것이다.

전능하신 하나님의 말씀인 성경 외에 이런 종류의 예언이 기록된 경전이나 책은 없으며, 또한 그 정확한 성취를 통해 하나님의 말씀임을 자증(自證)하는 책도 없다.

자, 그러면 성경과 코란 중, 어느 것이 참된 하나님의 계시인가?

성경의 전능하신 주 하나님과 정체불명의 신 알라 중 누가 참 하나님인가?

성경이 예언했고 그 예언을 성취하시며 오신 주 예수 그리스도와 코란을 지은 모하메드 중 누가 참 구주이며, 누구를 섬겨야 하는가?

성경이 역사와 미래를 꿰뚫고 있는 동안 모하메드는 무엇을 하고 있었는가? 일자무식 알라의 "사자" 모하메드는 "불신자"들을 죽이고 여자 아이들과 여인들을 사로잡아 겁탈을 일삼았을 뿐이다. 모슬렘들이 참 하나님의 참 선지자로 여기는 모하메드는 딴 짓 하느라 그가 태어날 당시인 A.D. 700년부터 A.D. 3000년까지 무슨 일이 일어날 것인지 하나도 알아낸 것이 없는 것이다. 모하메드를 호세아, 요엘, 하박국, 학개, 다윗과 비교한다는 것 자체가 하나님의 선지자들에 대한 모욕이며, 모하메드는 사악한 협잡꾼일 뿐이다.

이것이 왜 모슬렘들이 모하메드의 정체를 알아내고 그것을 밝히는 사람들을 모두 살해해야만 하는 이유이다. 살인이 모하메드에 대한 그들의 믿음을 지키는 유일한 방어수단이기 때문이다.

모하메드의 패역과 무지와 부정직함이 너무나 극심하기 때문에, 그가 선지자라고 주장하려는 자는 어떤 대화나 논리나 논의나 토론이나 증명으로도 그 목적을 이룰 수 없다. 그가 이기는 방법은 상대방을 죽이는 길밖에 없다. 그래서 그들은 "불신자"들을 살해하는 것이다.

이것이 이슬람이다!

이제 성경이 말하는 이슬람의 역사를 살펴보자.

『그가 거친 사람이 되리니, 그의 손이 모든 사람을 대적할 것이요, 모든 사람의 손이 그를 대적할 것이라. 그가 그의 모든 형제들 면전에서 거할 것이라』(창 16:12).

예수 그리스도의 사역의 목격자들이 기록한 복음서들과 서신들을 읽고 난 후 주 예수 그리스도에 대한 모슬렘의 반응은 그분을 살해한 유대인 바리새인과 랍비들의 반응과 정확히 일치한다.

『선지자들 가운데서 너희 조상이 박해하지 아니한 사람이 어디 있었느냐? 또 그들은 의로우신 분의 오심에 관하여 미리 말한 그들을 죽였고 이제 너희는 그 의로우신 분을 배반한 자요 살인한 자가 되었으니』(행 7:52)

『그들이 대답하여 주께 말하기를 "아브라함은 우리의 조상이라."고 하니, 예수께서 그들에게 말씀하시기를 "너희가 아브라함의 자손이었다면 아브라함의 일을 행하였으리라.

그러나 이제 너희는 하나님께로부터 들은 진리를 너희에게 말한 사람인 나를 죽이려고 하는도다. 아브라함은 이렇게 하지 않았도다.

너희는 너희 아비의 일들을 행하는도다."라고 하시더라. 그때 그들이 주께 말하기를 "우리는 음행을 통하여 나지 아니하였으며, 우리에게는 한 분 아버지가 계시니, 곧 하나님이시라."고 하니

예수께서 그들에게 말씀하시기를 "하나님이 너희의 아버지라면

너희는 나를 사랑하리라. 이는 내가 하나님께로부터 나와서 여기에 왔으며, 나 스스로 온 것이 아니요 그분이 나를 보내셨음이라.

어찌하여 너희는 내 말을 깨닫지 못하느냐? 이는 너희가 나의 말을 들을 수 없기 때문이라.

너희는 너희 아비 마귀에게서 나와서 너희 아비의 정욕을 행하고자 하는도다. 그는 처음부터 살인자였으며 진리 가운데 거하지 아니하였으니, 이는 자기 안에 진리가 없음이라. 그가 거짓말을 할 때는 자신에게서 우러나와 한 것이니, 이는 그가 거짓말쟁이요 또 거짓말의 아비이기 때문이라.

내가 진리를 말하므로 너희가 나를 믿지 아니하는도다.

너희 중에 누가 나를 죄에 대해서 힐책하겠느냐? 그러나 내가 진리를 말하는데 어찌하여 너희는 나를 믿지 아니하느냐?

하나님께로부터 나온 사람은 하나님의 말씀들을 듣느니라. 너희는 하나님의 말씀들을 듣지 아니하나니, 이는 너희가 하나님으로부터 나오지 않음이라."고 하시니라』(요 8:39-47).

『그러나 그들 중 한 사람, 즉 그 해의 대제사장인 카야파가 그들에게 말하기를 "너희가 아무것도 모르며

또 한 사람이 백성을 위하여 죽어서 온 민족이 멸망치 않는 것이 우리에게 유익한 줄을 너희가 생각지 못하는도다."라고 하니

이것은 그가 스스로 말한 것이 아니라 그 해의 대제사장으로서 예수께서 그 민족을 위하여 죽으실 것을 예언한 것이라.

그 민족을 위해서뿐만 아니라 멀리 흩어진 하나님의 자녀들을 하나로 함께 모으려 함이었더라.

그 날부터 그들이 주를 죽이려고 함께 모의하더라』(요 11:49-53).

『그러므로 빌라도는 예수를 놓아줄 의향으로 그들에게 다시 말하였으나

그들이 소리질러 말하기를 "그를 십자가에 못박으소서. 그를 십자가에 못박으소서."라고 하더라.

그래도 빌라도가 세 번째로 그들에게 말하기를 "도대체 그가 무슨 악한 일을 행하였느냐? 나는 그에게서 사형에 처할 만한 죄를 찾지 못하였으니 매질한 후 놓아주겠노라."고 하더라.

그러나 그들은 큰 목소리로 재촉하며 십자가에 처형하라고 요구하니라. 백성과 선임 제사장들의 목소리가 우세하더라.

그러자 빌라도가 그들의 요구대로 하도록 판결을 내리더라.

그리하여 그는 사람들이 요구한 대로 난동과 살인으로 인하여 감옥에 갇힌 그 자를 그들에게 내어주고 예수를 그들의 의도대로 하라고 넘겨주더라』(눅 23:20-25).

유대인들과 모슬렘들 두 그룹 다 유일신을 믿으며, 그들의 행위로 하늘 나라에 가고자 애쓰는 자들이다.

그들의 지도자들 곧 랍비나 이맘 중 그 어떤 인물도 A.D. 40년부터 A.D. 3000년 사이에 있을 역사적인 사건을 예언하지 못했다.

이 부분에 있어서는 로마카톨릭 교황도 마찬가지다. 그들은 모두 가짜 선지자요 가짜 하나님의 종들이다.

이슬람교와 유대교와 로마카톨릭이 찾을 수 없는 정보를 우리는 오늘날 200개의 언어로 번역된 〈킹제임스성경〉에서 찾을 수 있다.

알라와 모하메드는 성경의 500개가 넘는 예언에서 단 2개도 찾아내지 못했다.

"유일한 하나님(THE GOD) 외에 다른 하나님은 없으며, 모하메드가 그의 선지자이다!" 아이러니칼하게도 이것이 이슬람교의 알라가 전혀 영적인 분별력이 없다는 증거이다. 이사야나 말라키 선지자에 대해서 알고, 야곱, 모세, 여호수아, 다윗, 베드로, 야고보, 요한, 바울, 예수 그리스도의 생애를 아는 사람 중 누가 위의 거짓말을 믿겠는가!

생각해 보라! "유일한 하나님"(THE GOD)이 어떤 신이길래, 자신의 색욕도 다스리지 못하여 음행을 일삼고 자신이 죽어서 어디로 가는지도 몰랐던 군사 독재자를 자신의 "선지자"로 임명한단 말인가? 알라가 라스푸틴이나 스펠만 추기경을 선지자로 선정했다고 해도 모하메드보다는 나은 자를 선택한 것이다.

"알라"는 영어로 "유일한 하나님"(THE GOD)이라는 뜻이다. 그가 정말 하나님이라면, 알라가 계시록 21장에서 영원이 시작될 때까지 지상에서 무슨 일이 일어날지 알고 있어야 하지 않겠는가?

그러나 알라의 선지자인 모하메드는 자신의 사망 이후 일어날 미래의 일들을 자세하게 예언해 놓은 것이 하나도 없다.

모세는 50가지 이상의 예언을 기록했으며, 이사야는 150가지 이상의 예언을 말했다. 또한 예레미야는 70가지 이상의 예언을, 에스겔은 200가지 이상의 예언을, 예수 그리스도는 100가지 이상의 예언을 말씀하셨다. 그렇다면 모하메드는 몇 개의 예언을 말했는가? 이 한심하고 눈 멀고 육신적이며 멍청한 돌팔이는 다섯 손가락으로 셀 수 있을 만큼의 예언도 기록하지 않았다. 사도 바울은 40여 개의 예언을, 사도 요한은 200여 개의 예언을 기록했다. 알라가 정말 참 하나님이라면 왜 모하메드를 선지자로 뽑았겠는가? 끼리끼리 모이는 법이다!

모하메드나 그를 선지자로 뽑은 알라나 모두 똑같은 소경인 것이다.

알라와 모하메드는 영적 소경이다. 따라서 그들을 따른 모든 모슬렘들도 눈멀게 되었고, 모하메드의 교리 그대로 테러분자가 된 것이다. 모든 모슬렘 테러분자는 600 개의 날개 달린 천사가 모하메드에게 한 말을 인용하며 그들의 대량학살과 테러 범죄를 정당화하는 것이다. 그러나 모하메드는 사기꾼이며, 그 천사도 가짜요, 그가 읽어 준 하나님의 책도 허구이며, 그 책을 기록한 이름 없는 신인 알라도 허상일 뿐이다.

성경과 코란을 비교해 볼 때, 우리는 코란에는 전혀 영감이 없으며, 코란이 모하메드가 미혹의 영에 사로잡혀 성경을 도작(盜作)한 일종의 표절물이며, 성경이 예언한 예수 그리스도의 통치와 그리스도의 몸과 이스라엘에게 약속된 유업을 강탈하려는 시도로 쓴 책일 뿐임을 알 수 있다. 그러므로 모하메드의 코란을 따르는 이슬람은 거짓으로 자신을 세뇌시키는 테러집단이 될 수밖에 없는 것이다.

이슬람 시리즈 1

코란, 신의 계시인가?

초판인쇄 / 2008년 2월 1일
초판발행 / 2008년 2월 5일
지은이 / 피터 S. 럭크만
옮긴이 / 김 진 석
펴낸이 / 이 송 오
펴낸곳 / 말씀보존학회
등 록 / 16-223(88.12.12)
주소 / 서울 강서 우체국 사서함 90호
전화 / (02) 2665-3743 · 팩스 / (02) 2665-3302
인터넷 / www.biblemaster.co.kr
E-mail / kjv@biblemaster.co.kr

잘못된 책은 바꿔드립니다.

값 2,500 원